早稲田教育ブックレット No. 5

学」はどう
活かせるか？

脳科学からみた効果的教育　植村研一

ビジュアル教材の可能性　町田守弘

発達障害への神経心理学的教育　坂爪一幸

脳への健康教育
——脳の専門外来は実践人間教育の場　大貫学

全体討論　〔司会〕堀誠

表紙イラスト／加藤　巧

まえがき

「早稲田教育ブックレット」№・5は、早稲田大学教育総合研究所が開設十周年を記念して主催した〝教育最前線〟公開講演会『「脳科学」はどう教育に活かせるか?』(二〇〇八年一二月六日開催、基調講演:植村研一氏、教育講演:町田守弘・坂爪一幸・大貫　学の各氏、講演順)が基になっています(共催:早稲田大学教育学部・教職課程・大学院教育学研究科・教職研究科)。

講演者の各氏は医学(脳神経外科学・神経内科学・健康医学)、心理学(神経心理学・高次脳機能障害学・障害心理学)、そして国語教育が専門です。各講演者は、専門領域が違ってはいても、教育に大きな関心を持ち、また教育の重要性を強く認識し、さらにそれぞれの立場で教育を熱心に実践されています。

本講演会を企画した理由は、「脳科学」と教育との関係を文系と理系の双方の視点から広く考えたいと思ったからです。後述の講演会の趣旨でも述べましたが、今の流行の「脳科学」は、少なくとも直接的には教育につながりません。超えなければならない大きな〝溝〟があります。この〝溝〟の架け橋になるものは何かを真剣に考えなければなりません。これを怠ると、ともすれば根拠のない「脳科学」の装いをまとっただけの知識や主張に教育が踊らされてしまい、結果として、教育を受ける子どもに大きな不利益をもたらしかねません。

本講演会の際には、多数の方々にご参加いただきました。ご参加者の職種も教育関係者のみならず、医療関係者など、多職種に渡っていました。講演会の終了後には、講演者と参加者、また参加者同士の間で新たな出会いをもたれた方も多くいました。さらに、講演会のアンケート結果も大変に好評でした。

本講演会を通じて、これからの教育が、「脳科学」のみならず、多様な専門領域と連携していかなければならないことを改めて実感させられました。また、早稲田大学教育総合研究所にとっては、今後の新たな方向性を目指すための重要な契機となる講演会になりました。

今回「早稲田教育ブックレット」№・5として刊行するにあたり、各講演者には内容を改めてわかりやすくまとめていただきました。今後の教育を考えていく際に、貴重な示唆や重要な情報が数多く盛り込まれています。

講演会の開催時に作成し配布したパンフレットには、講演会の趣旨が記載されています。「早稲田教育ブックレット」№・5の刊行目的、および「まえがき」としてこれ以上にふさわしいものはありません。ここに再掲して、「まえがき」に代えたいと思います。

編著者代表　坂爪　一幸

『「脳科学」はどう教育に活かせるか？』講演会の趣旨

現在、「脳科学」は流行になっている。しかし、「脳科学」は一体何を明らかにしているのであろうか？　また、教育にはどう関係するのであろうか？　そして、「脳科学」は教育にどう活かせるのであろうか？

「脳科学」は〝脳〟の作りや仕組みや働きの解明を目標にしている。一方、教育は〝こころ〟の形成を目標にする。究極的には、「脳科学」を教育に活かすには、〝脳〟と〝こころ〟との関係が解明されなければならない。このような哲学的・科学的な難問への取り組みは別の機会に譲り、本講演会ではより実践的な方向から、「脳科学」は教育にどのように関係し、そしてどう活かせるかを考える機会にしたい。

「脳科学」を教育に関係づけ、さらに活かすために、いくつかの共通項を見つけ出さなければならないであろう。本講演会では、次の点を共通項にして、具体的・実践的に「脳科学」と教育を考えてみたい。

1．〝脳〟は、〝こころ〟の基盤である。「脳科学」が示すのは、〝脳〟モデルである。教育に活かすためには、〝こころ〟のモデルに関係づけられなければならない〝脳〟と〝こころ〟の共通項となるモデルとは何であろうか？

2．〝脳〟は、環境によって変化する器官である。教育は、〝こころ〟への働きかけである。この点で、環境＝教育という共通項がみいだせる。効果的な教育、そして効果的な教育につながる教材とは何であろうか？

3．〝脳〟が変化すれば、〝こころ〟も変化する。〝脳〟の健康を保つことは、〝こころ〟を健康に保つことにつながる。〝脳〟や〝こころ〟の変化を共通項にしたとき、〝脳〟を基盤にした健康への教育とは何であろうか？

教育は本来、対象者について〝5W1H〟を理解して実践されるべきものである。どんな対象者に（Who）、今このときに（When）、この場で（Where）、何を（What）、どのように（How）、そしてなぜそれを教育するのか（Why）、これらが明確にされなければならない。「脳科学」は、これらについて教育に何を教えてくれるのであろうか？　本講演会が、このような問題意識を持つ関係者に少しでも手がかりを提供できれば幸いである。

（講演会企画者：坂爪一幸）

脳科学からみた効果的教育

浜松医科大学　名誉教授
岡山大学医学部　客員教授・山形大学　客員教授・松戸市病院　事業総長　植村　研一

一、はじめに

今日は、早稲田大学教育総合研究所の十周年を記念する式典で基調講演を仰せつかりまして、大変光栄に存じております。白井総長をはじめ、皆さんに厚く御礼を申し上げます。

「脳科学からみた効果的教育」というテーマは、私の四〇年に及ぶ教育経験と研究の集大成であります。私は千葉大学の教養課程（医学進学課程）で望月守心理学教授（当時）の講義に感銘を受けて、心理学について二年間勉強して、千葉大学医学部へ進学し、一九五九年の卒業後はアメリカの State University of New York Upstate Medical Center, Syracuse, N.Y.（以下、ニューヨーク州立大学と略す）で神経生理学と脳神経外科学を勉強しました。さらに、イギリスのオックスフォード大学とロンドン大学で脳神経外科の臨床助手を務めた後、一九六八年一月に千葉大学医学部へ戻り、一九七八年から一九九九年まで浜松医科大学脳神経外科教授を務めました。

アメリカとイギリスで臨床研修を受けて、日本とは教育の仕方が大変異なることに驚きました。日本の医学部では講義が中心で実習は見学が主体でしたのに、ニューヨーク州立大学では臨床医学は講義がなくクリニカル・クラークシップ（Clinical Clerkship：学生参加型臨床実習）のみであるのにはとても驚きました。たとえば、私の専門とする脳神経外科では、日本の医学部では通常講義六四時間、臨床実習一二八時間ですが、ニューヨーク州立大学では、学生は二週間脳神経外科をローテーションしてきますが、講義はオリエンテーションとして最初の一時間のみです。内科学では、二〇〇時間以上の講義が日本ではされておりますが、ニューヨーク州立大学では、学生に聞くと講義が三〇分のオリエンテーションのみで、後は数週間に及ぶクリニカル・クラークシップだそうです。

一九七四年に浜松医科大学脳神経外科教授に指名され、一九七八年に着任しましたが、一九七六年に吉利和浜松医科大学初代学長よりアメリカ・シカゴのイリノイ大学医学部教育開発センターへの三ヵ月間の短期留学を命じられました。ここでマクガイア（Cristine McGuire）女史から、教育心理学に立脚したアメリカの新しい教育技法と教育評価を勉強しましたが、教育心理学に立脚して開発された教育技法が、私が勉強した大脳生理学の記憶学習理論と大変よく符号することに感動しました。

帰国後、新設の浜松医科大学の新しい教育カリキュラム立案のみならず、日本医学教育学会の運営委員や理事として、日本の医師国家試験や専門医認定試験の改革にも参加する機会を与えられました。今日は、マクガイア先生に教わった教育理論を、その後の二一年間浜松医科大学での教育現場で改善を積み重ねた結果を下に、「脳科学からみた効果的教育」についての私見を解説させていただき、早稲田大学の今後の教育改善の一助となれば幸いです。

二、日本の教育の問題点

日本の教育には、問題点が多いです。たとえば、アメリカでは、ノーベル賞受賞者が一〇年間に二〇名輩出されます。日本はアメリカの半分の人口ですから、単純計算では一〇年間に一〇人もらうはずなのに、実際には一人の割合でしかもらっていません。二〇〇八年こそ四人受賞しましたが、一〇年に一人しかもらえないというのはどうしてなのでしょうか。

また、日本人は中学高校で六年、大学でも二年と計八年の間英語を勉強しても、英語圏の在住経験者以外で英語を使いこなせる人はほとんどおりません。ところが、旧西ドイツの難民キャンプ（当時）で共産圏から脱出してきた人たちは、三ヵ月間ドイツ語のみでドイツ語の特訓を受けて自由にドイツ語を話し、テレビが理解でき、新聞が読めるようになったのです。また、アメリカでハーバード大学日本文化専攻の学生に会ったことがありますが、彼は大学に入るまで日本語を全く知らず、大学で日本語を選択科目としてたった二年間学習しただけで、私と流暢な日本語で話をし、私の眼前で朝日新聞の社説を辞書なしで読んでみせました。日本の大学医学部学生で、八年間も英語を学習したにもかかわらず、辞書なくニューヨークタイムズ紙の社説を読める学生は、私が聞いた限り一人もおりません。

また、日本では成績優秀な生徒が卒業後必ずしも成功していません。つまり学校の成績と卒業後の伸びが一致していないのです。これは、どこがおかしいのでしょうか。答えは、脳の仕組みを無視した教育をやってきたからだ、というのが私の主張です。それから、医学部の専門教員たちは教育学をまったく知りませんので、教育学、教育心理学に立脚した教育技法が行われていません。知識偏重の教育で、創造性や問題発見・解決力の育成が貧弱です。さらに教育評価も効果的でない、というような問題が非常に多いと思います。

従来、日本の教育の欠点として、学生のやる気がない、学生が悪い、学生が考えようとしないといった学生批判をする教員が多くいます。しかし考えてみますと、教員がニーズのない教育をしていれば、学生にやる気が起きないのは当然です。それから、詰め込み講義が効率的ではあっても効果的でないことを教員が知りません。脳内記憶機構については後述しますが、講義をしても、一〇％しか記憶中枢（海馬）に入りません。九〇％は七秒間しか保持できない即時記憶を越えると忘却されてしまいます。それから、学生が考えないといいますけれども、一方的な詰め込み講義ばかりして、たとえば、カナダで開発されたProblem-Based Learning（以下、ＰＢＬと略す）のような授業を展開して学生たちに考える機会を与えなければ、学生が思考能力を習得できないのは当然です。

三、「大脳構造」と「知・情・意」

図1、2に示したように、頭の中には大脳・小脳・脳幹という三つの脳があり、脳幹は中脳、橋《きょう》、延髄の三つに分かれます。心は大脳にあって、そこで精神活動が行われています。小脳は姿勢や運動の調節をしています。脳幹は生命の維持中枢で、意識、呼吸、循環の維持に不可欠で、ここの機能が永続的に失われると生命の維持が不可能となり、それが脳死です。

図3は、左大脳半球の外側面を示しています。大脳は、前頭葉、頭頂葉、側頭葉、後頭葉、辺

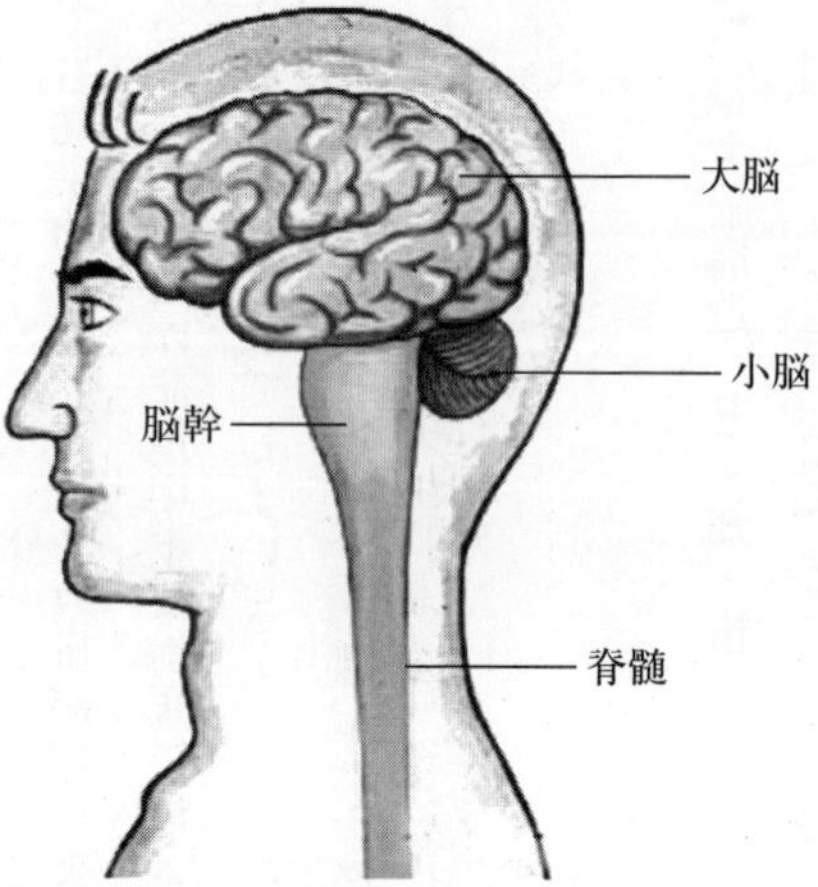

図1

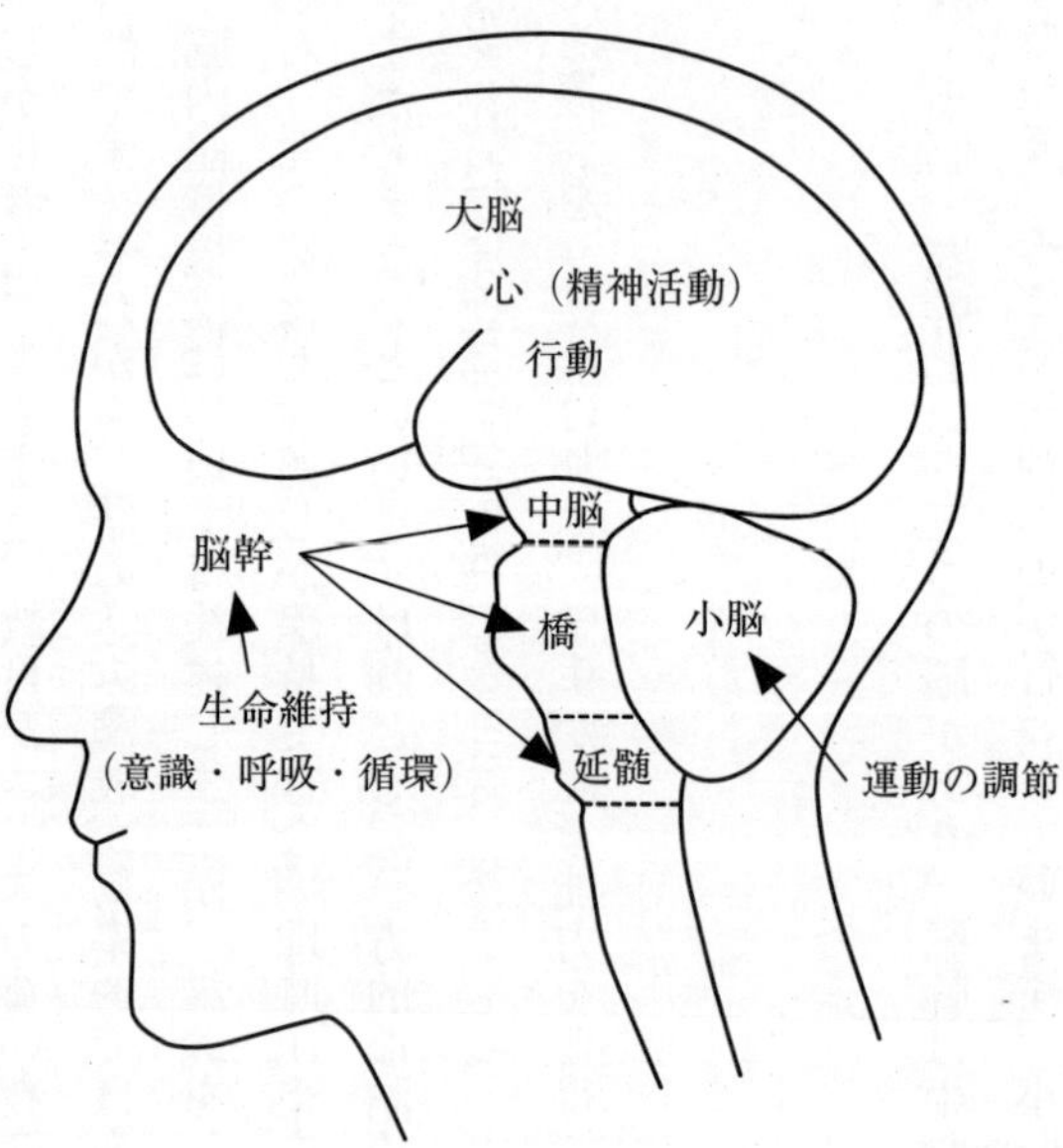

図2

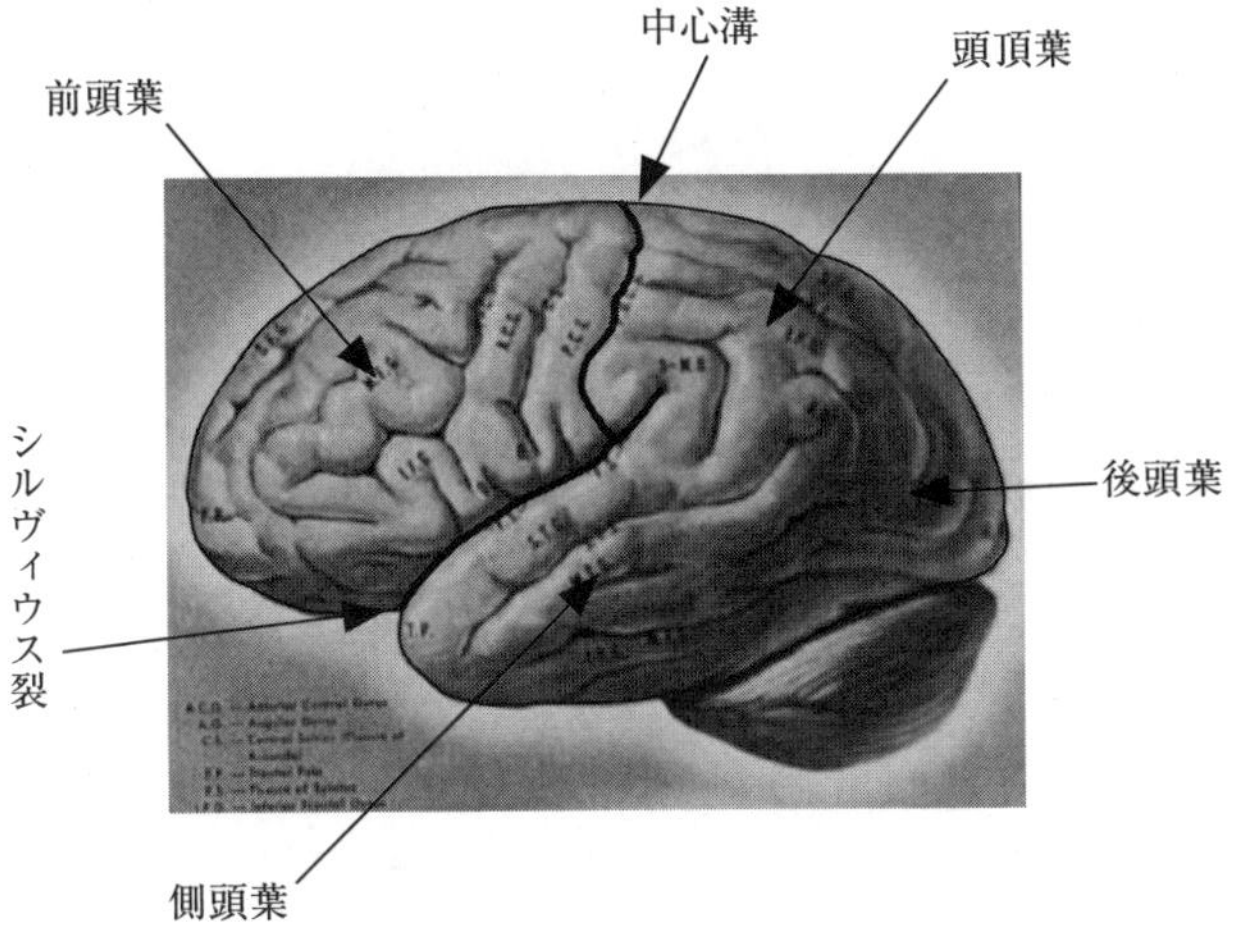

図3

縁葉（外側面では見えない）とに分けられています。しかし、前頭葉と頭頂葉とは中心溝によって、前頭葉と側頭葉とはシルヴィウス溝によって明瞭に境界されていますが、頭頂葉と後頭葉と側頭葉の間には境界線がありません。このことは頭頂葉・側頭葉・後頭葉が一つの機能単位であることを示唆しています。ネコやイヌには側頭葉がありません。側頭葉は、サルと人間にしかないのです。

それを踏まえて私は、図4に示したような大脳半球の三分割を以前から提唱しています[1]〜[7]。大脳半球の後半部を感覚統合脳、前半部を表出脳（前頭葉）と呼び、内側面の中心部は辺縁脳です。感覚統合脳には、聴覚情報は側頭葉に、触覚などの体性感覚情報は頭頂葉に、視覚情報は後頭葉に入ってきますが、それらを統合して概念を形成し、「わかる」「知る」というknowingがなされます。皆さんは、私のスライドを見、講演を聴いて、感覚統合脳で理解しておられます。次は、わかった

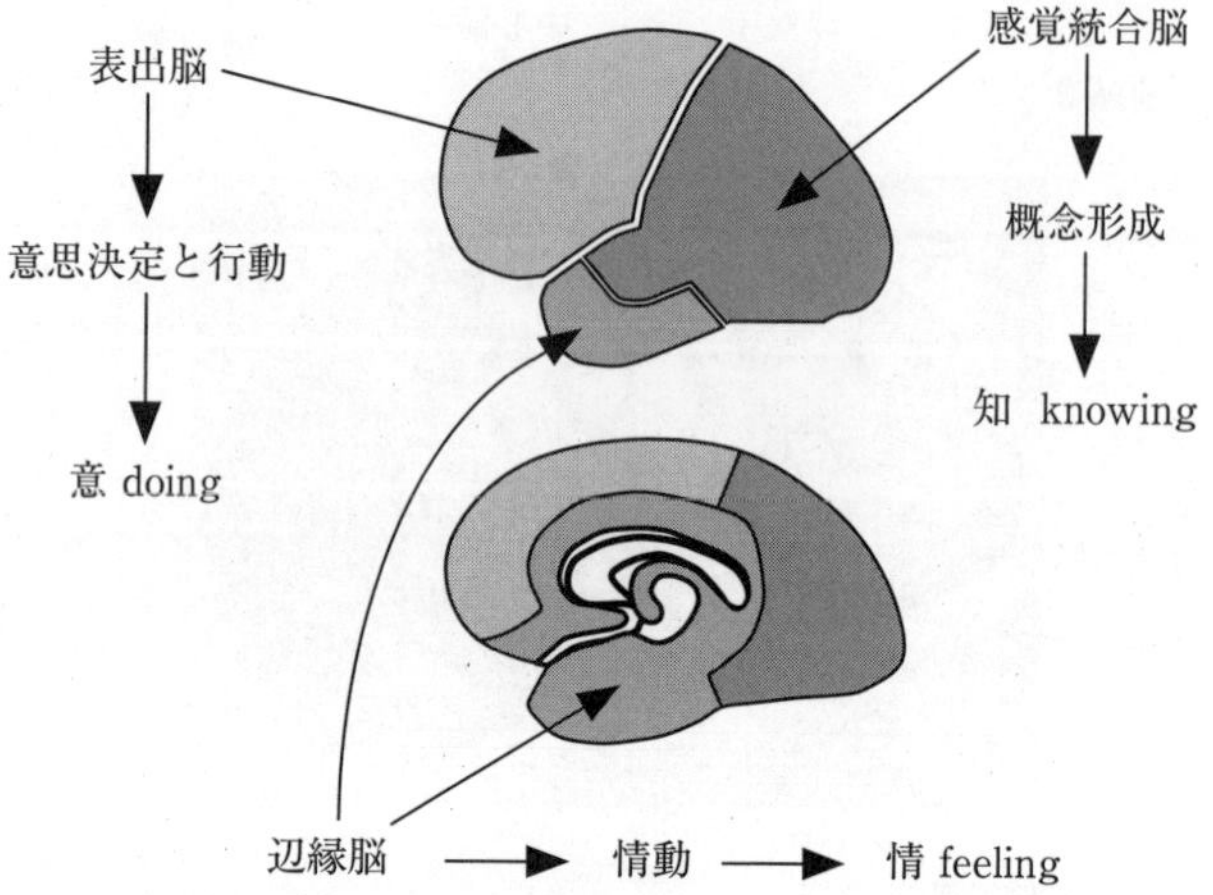

図4

情報を感情の中枢である辺縁脳で快か不快かを感じ(feeling)なくてはいけません。その上で、「この講演は面白そうだから最後まで聴こう」とか、あるいは「面白くないので居眠りしよう」とかの意思決定を表出脳で行い、実行(doing)します。心理学でいわれている知・情・意については、感覚統合脳(知)・辺縁脳(情)・表出脳(意)と符号しているわけです。

図5は、大脳を上から見た模式図です。左脳に言語中枢があり、知識偏重教育や試験地獄による知識の詰め込みはここで行われますが、忘却されやすいです。それに対し、右脳の全部と左脳を含めた前頭葉がひらめきと創造性の発達に非常に大事なのです。日本人がノーベル賞を多く受賞できていないというのは、ここの機能を開発する教育がなされないためです。たとえば、芸術大学は右脳教育を重視していますが、医学部は左脳教育を重視しすぎています。その結果、医師と患者とのコミュニケーションがう

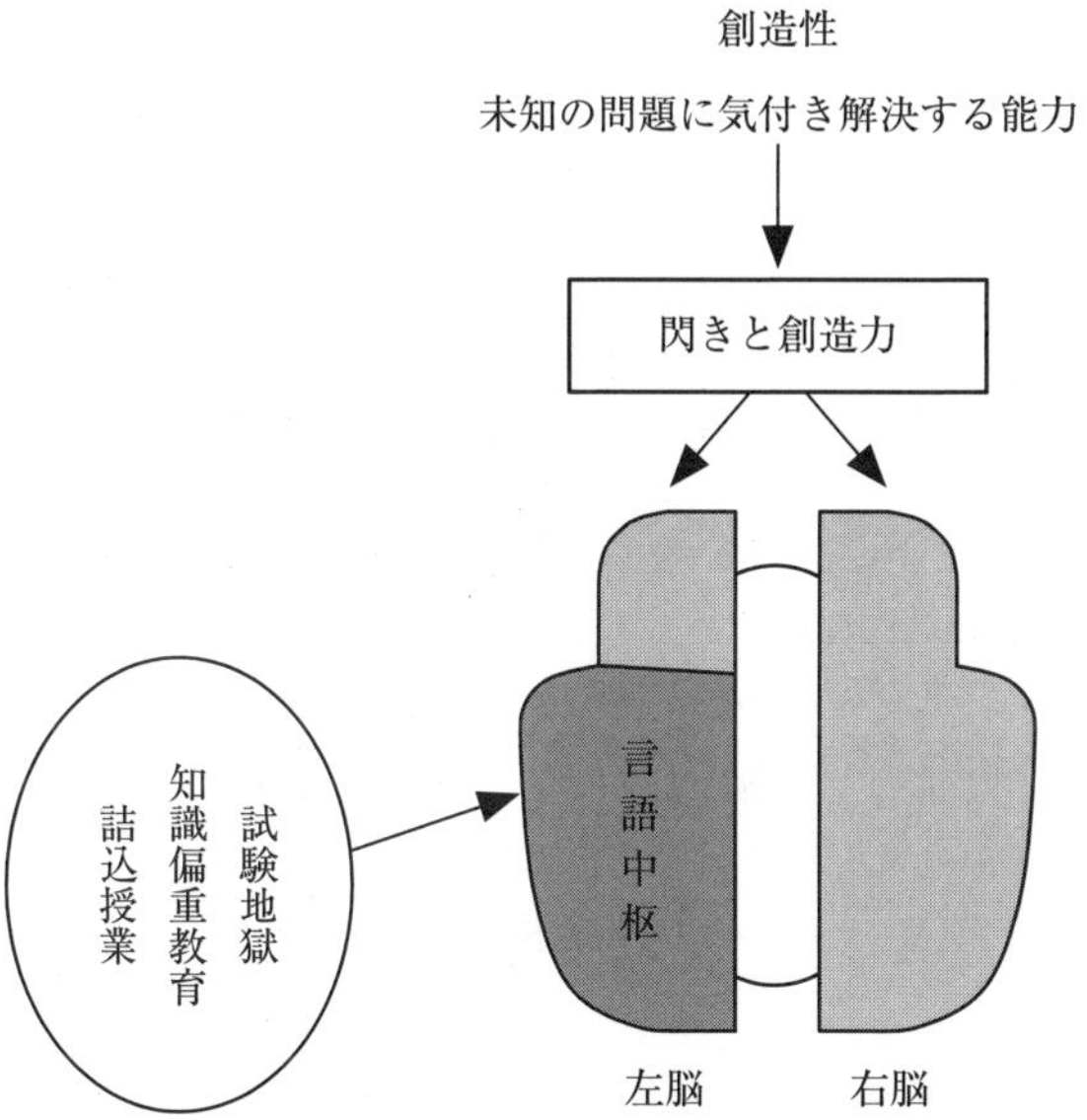

図5

まくいかない医療現場を生んでしまっています。また、医学教育に限らず、日本の多くの分野の教育は左脳を重視するような教育を行っています。

四、脳と言語

次に、脳の言語機能について考えましょう。図6に示したように、聴覚皮質のすぐ外側隣に聴覚連合野があり、聞いた音を翻訳していますが、この前半分では音色（誰の声か）を判定し、後半分がウエルニッケ感覚性言語野で聞いた言葉の意味を理解しております。次に、図7を見てください。以前は話すのはすべてブローカ運動性言語野の機能と考えられておりましたが、最近では運動皮質の下部で口腔機能を担当している部位が構音（発音＝articulation）に関与し、ブローカ

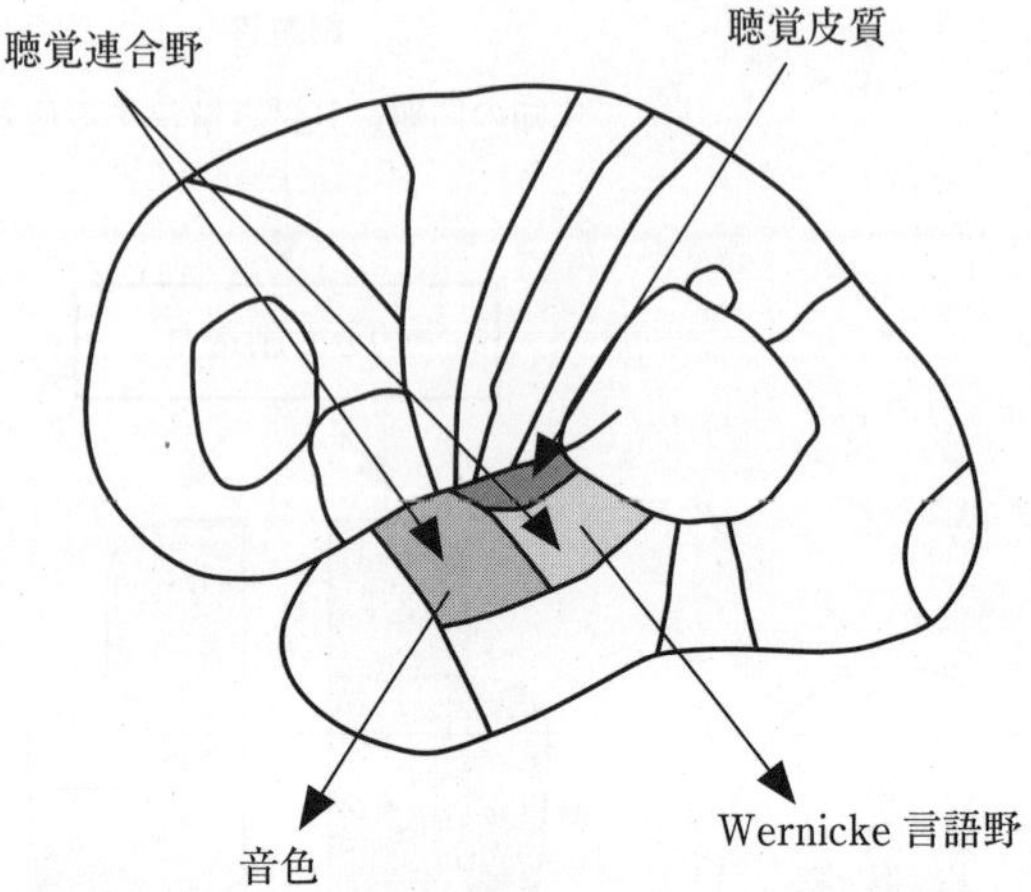
聴覚連合野
聴覚皮質
音色
Wernicke 言語野

図 6

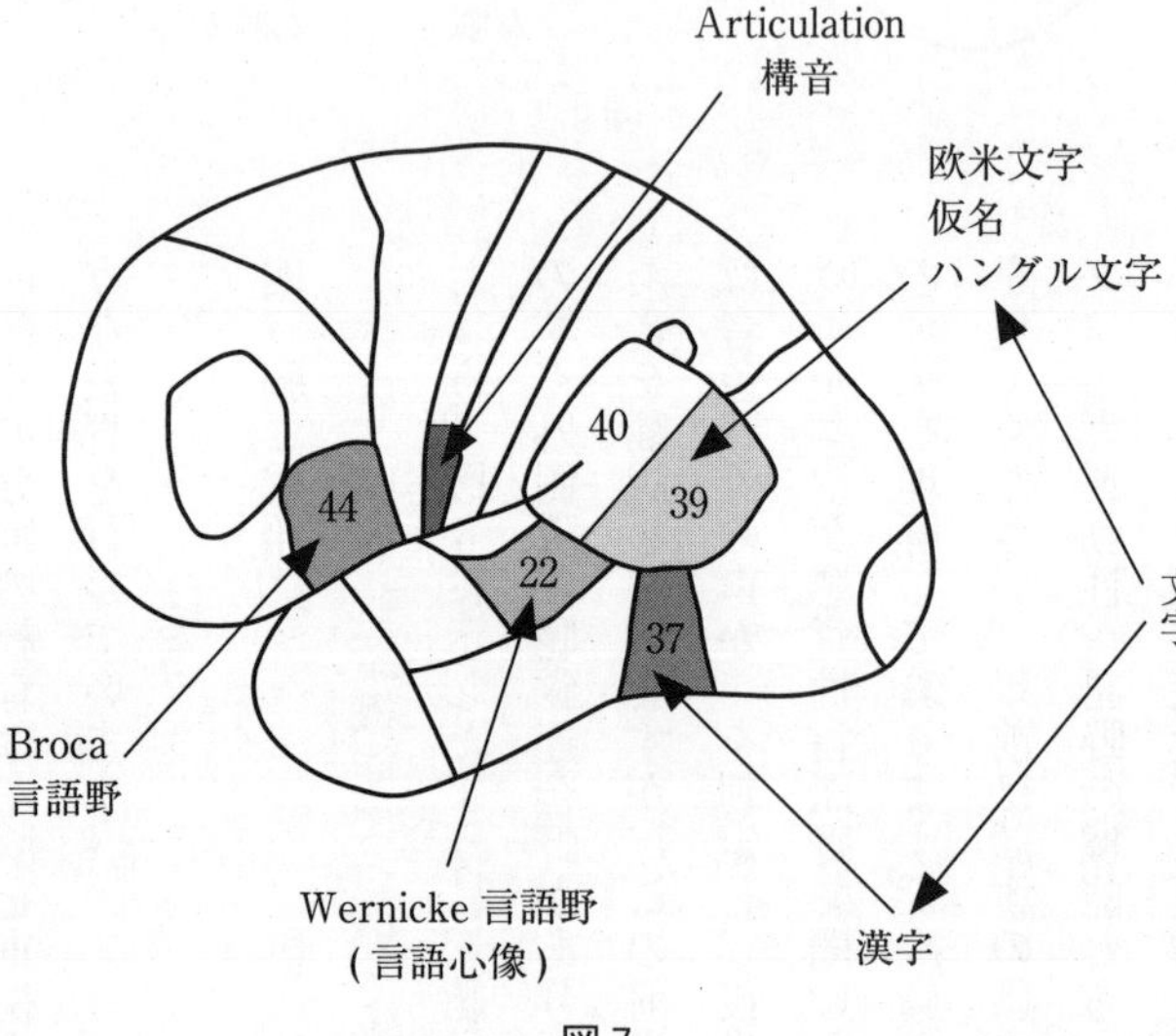
Articulation
構音
欧米文字
仮名
ハングル文字
40
39
44
22
37
文字
Broca
言語野
Wernicke 言語野
(言語心像)
漢字

図 7

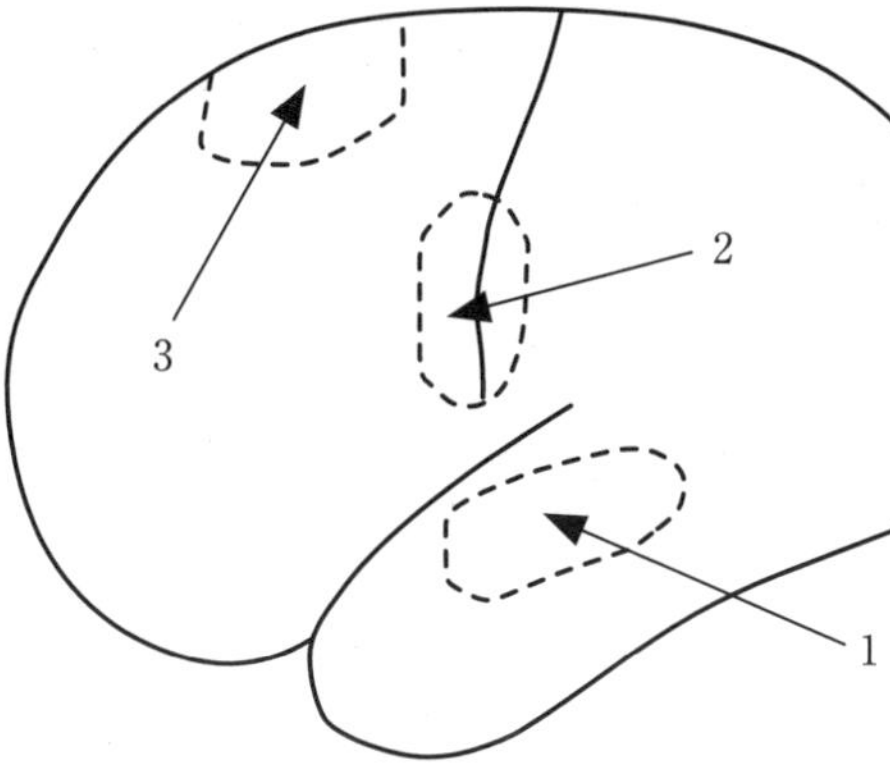

図8

動性言語野が文法を必要とする文章の発話に関与していると考えられています。以前はブローカ運動性言語野の障害で非流暢性失語が発症すると信じられておりましたが、近年の研究ではブローカ運動性言語野のみの障害では流暢性失語が発症し、運動皮質の下部の障害で初めて非流暢性失語や失構音（アナルトリー）が発症すると報告されております。文字については、たとえばアルファベット、かな文字、ハングル文字などの表音文字（発音記号）というのはブロードマンの脳地図（図2、3、5、6、8）における三九野が関わっておりますが、漢字は三七野に関与しています。つまり、日本人の場合には、文字が読めなくなる失読症で漢字と仮名が分離することがわかります。私が医学部専門課程の四年生（今の医学部六年生）の時に受けもった患者は、脳卒中になり、仮名はまったく読めなくなったのに、漢文だけは読めたのです。今考えると、三九野の脳梗塞だったと思われます。

図8は、スウェーデンの神経学者（氏名不詳）が日本での特別講演で提示されたスライドの模式図です。大学

生に“one, two, three”を反復して言い続けさせた時の脳血流をＳＰＥＣＴ（single photon emission tomography）を使って測定した結果です。脳血流の増えた部位は点線で囲ってあります。１がウエルニッケ感覚性言語野を示しているのは明らかですが、２は発語に関与すると信じられていたブローカ運動性言語野ではなく運動皮質下部の構音に関与する部位です。３は大脳半球内側面にある補足運動野を示しております。私は、この講演を聞いた時（一九八〇年頃）には、なぜブローカ運動性言語野が興奮せず運動皮質下部が興奮しているのか理解できませんでした。今考えると、文法を必要とする文の発話ではなく単なる単語の構音のみなので、ブローカ運動性言語野ではなく運動皮質下部が興奮したのであり、かつ補足運動野は自動運動と関与しますので、自動的な発音のためにここが興奮したものと理解できます。

では、右脳は何をやっているのでしょうか。図９は、右脳の梗塞や挫傷の患者に絵を描かせた結果です。各図の左半分に描かれた絵を右側に模写させたものですが、上から三つは大体描けていますが、サイコロの立方体図や家の図が描けておりません。図10に示したように時計も描けません。積み木もできません。典型的な構成失行です。

図11～14は、左半球に脳出血、次いで脳梗塞をきたし左半球が広範に破壊され、右片麻痺と失語症の右利き患者が左手で描いた絵です。患者は画伯ではなく農夫ですが、小児期に絵をよく描いていたそうです。左脳が広範に破壊され右脳しか機能していない患者が、利き手でない左手でこんな絵を描いたのですから、左脳は絵を描く機能とは関係なく、絵画のような芸術には右脳が強く関与していることがはっきりわかります。

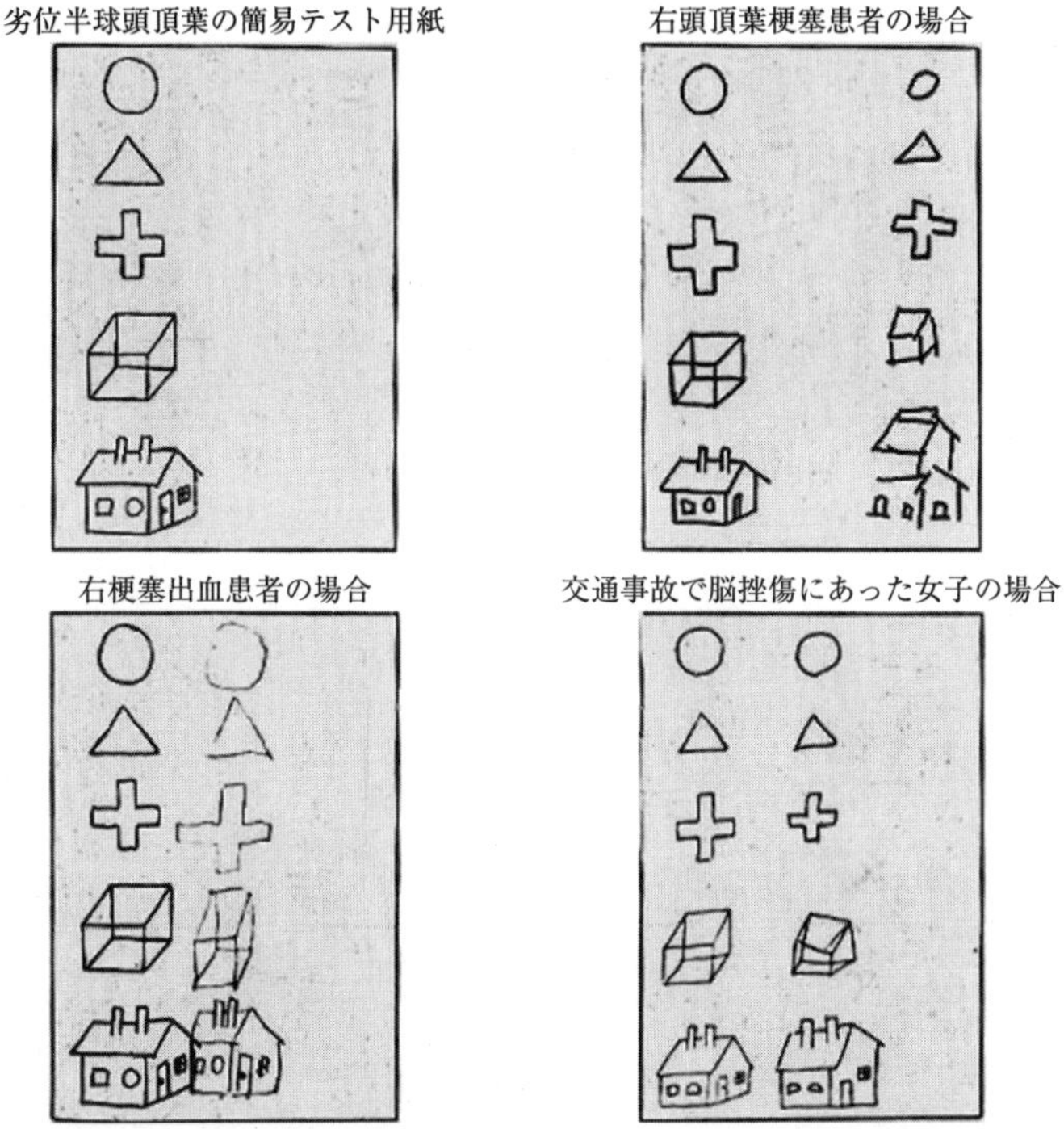
劣位半球頭頂葉の簡易テスト用紙
右頭頂葉梗塞患者の場合
右梗塞出血患者の場合
交通事故で脳挫傷にあった女子の場合

図 9

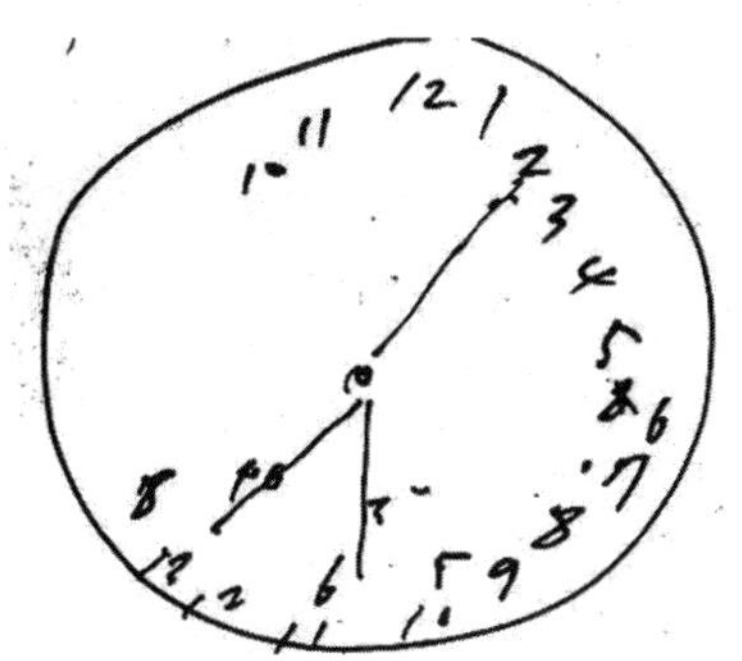

図 10

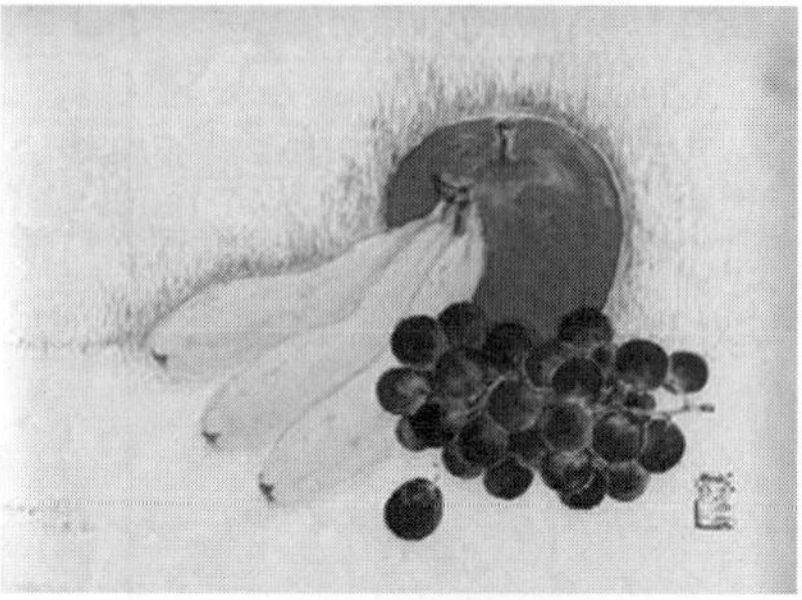

図 11

図 12

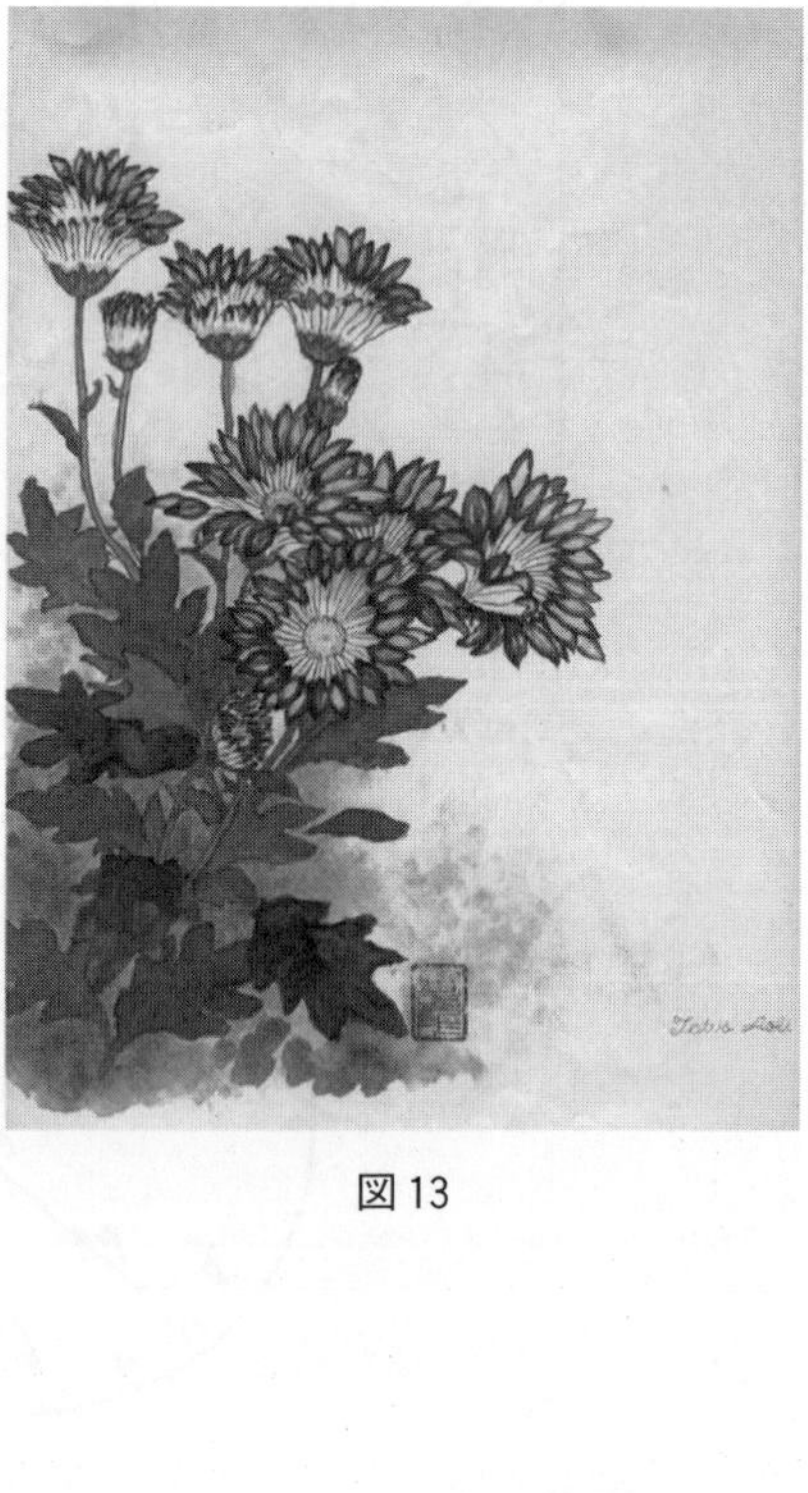

図 13

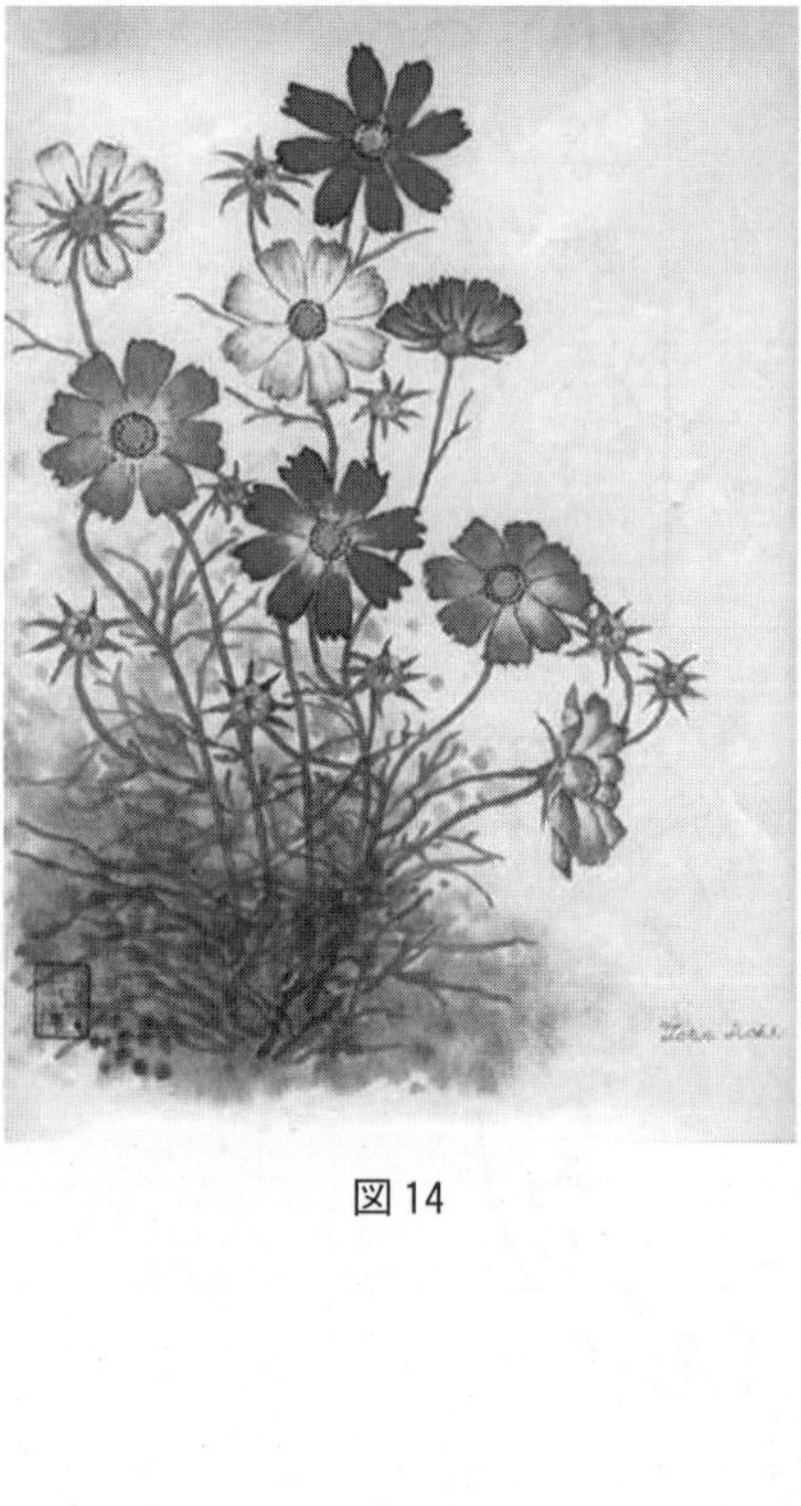

図 14

$(a+b)^2$を左脳で解く

$$
\begin{aligned}
(a+b)^2 &= (a+b)\times(a+b)\\
&= a(a+b)+b(a+b)\\
&= a^2+2ab+b^2
\end{aligned}
$$

図 15

$(a+b)^2$を右脳で解く

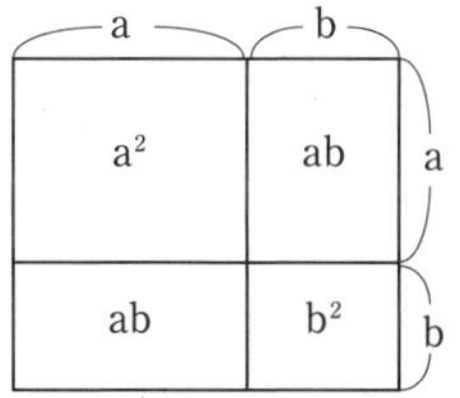

$(a+b)^2=a^2+b^2+2ab$

図 16

図15は、$(a+b)^2$を$a^2+2ab+b^2$と代数で解く過程を示しております。なぜ2abが出てくるのか代数では納得しにくいです。図16は、これを幾何学での解き方を示したもので、これで二つの矩形ができるので2abが必要なことが明瞭となります。通常は代数を教えてから幾何学を教えていますが、逆に幾何学を教えてから代数を教えれば生徒の空間認知力、ひいては創造性はより効果的に開発されると思います。

私は浜松医科大学教授時代に、浜松地区の六大学の学生が集まった合同授業を担当したことがあるのですが、$(a+b)^2$を右脳（幾何学）で解けといったら、できた学生は全部工学部でした。文系や医学部・看護学部の学生はどうしてもできませんでした。左脳型の教育を止めて右脳型の教育をすると、創造性豊かな脳を開発できると考えられています。

五、脳と記憶

では、脳内の記憶機構とその活用については、どのようになっているのでしょうか。教員は、学生を教えなければいけません。ものを覚えるのは記憶で、記憶は脳で行われるわけですから、教員は脳の記憶の仕組みを理解しそれを効果的に活用する必要があります。

図17は、右脳半球の内側面の模式図です。大脳半球の内側面には辺縁系（辺縁葉・辺縁脳＝limbic system）がありますが、この辺縁系はPapez回路とも呼ばれる内側辺縁系（medial limbic system）とYakovlev回路とも呼ばれる底外側辺縁系（basolateral limbic system）の二つがあり、前者は感情の昂揚、後者は感情の抑制と関係しています。

大事なことは、感情の興奮に関与する内側辺縁系の中に記憶と関係の深い海馬があることです。つまり、感情が高揚している時に記憶しやすく、眠い時には記憶はしにくいということです。眠っている学生を起こす教員がいますが、眠っている学生は底外側辺縁系のほうが勝っていますから、起こしても役に立たないのです。放っておけばいいのです。その後、目が覚めたら元気よく記憶が動き出しますので、その時に教えたほうがよく記憶に残ります。つまり、感情が興奮していない時には記憶は起こらないということを覚えてください。

図18に示したように、記憶は記銘、保持、想起と三つのプロセスから成っていると考えられています。よくテレビドラマで、記憶喪失の患者が記憶を回復したというお話がありますが、喪失された記憶が回復することはありえません。正確には想起障害です。想起障害で保持されている記憶を想起できなかったのができるようになったのであって、喪失された記憶が戻ってきたわけ

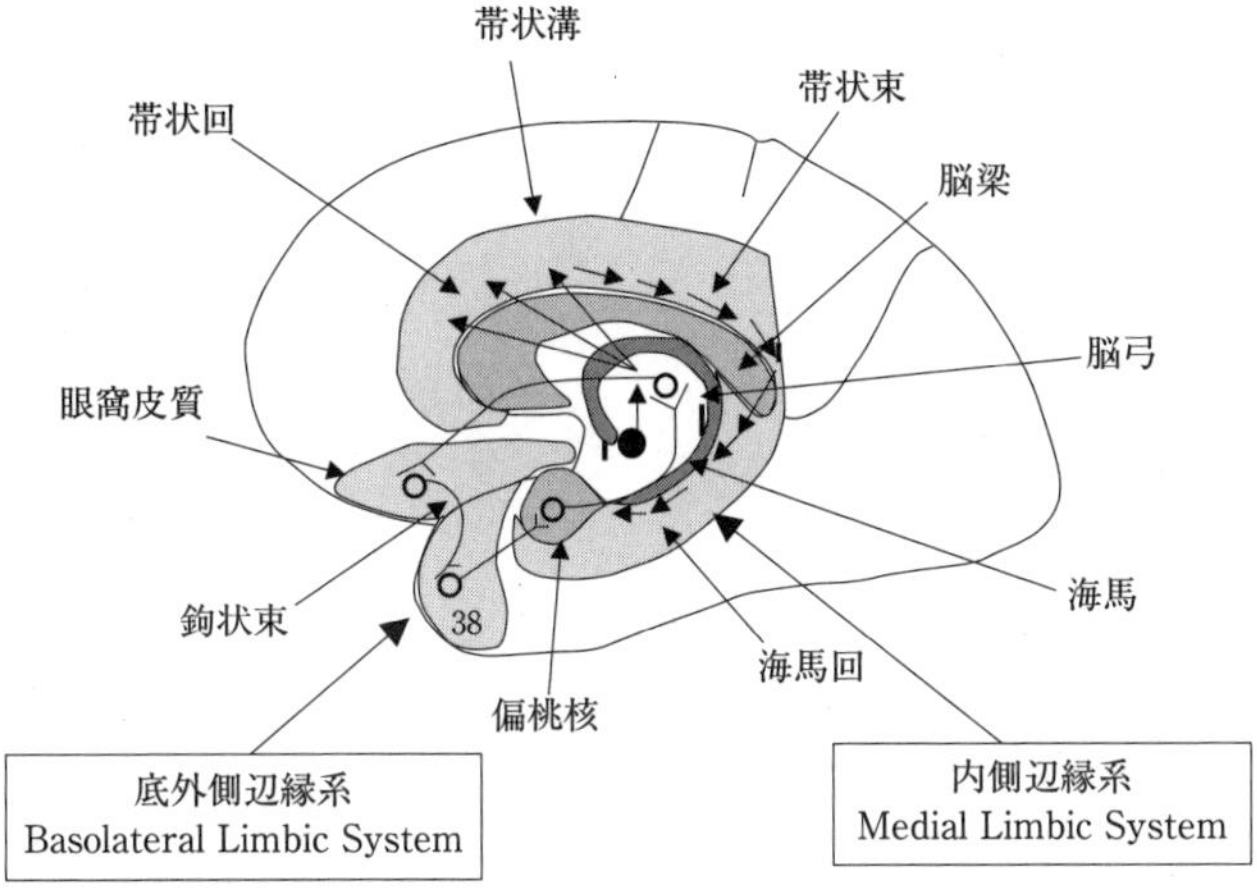

図 17

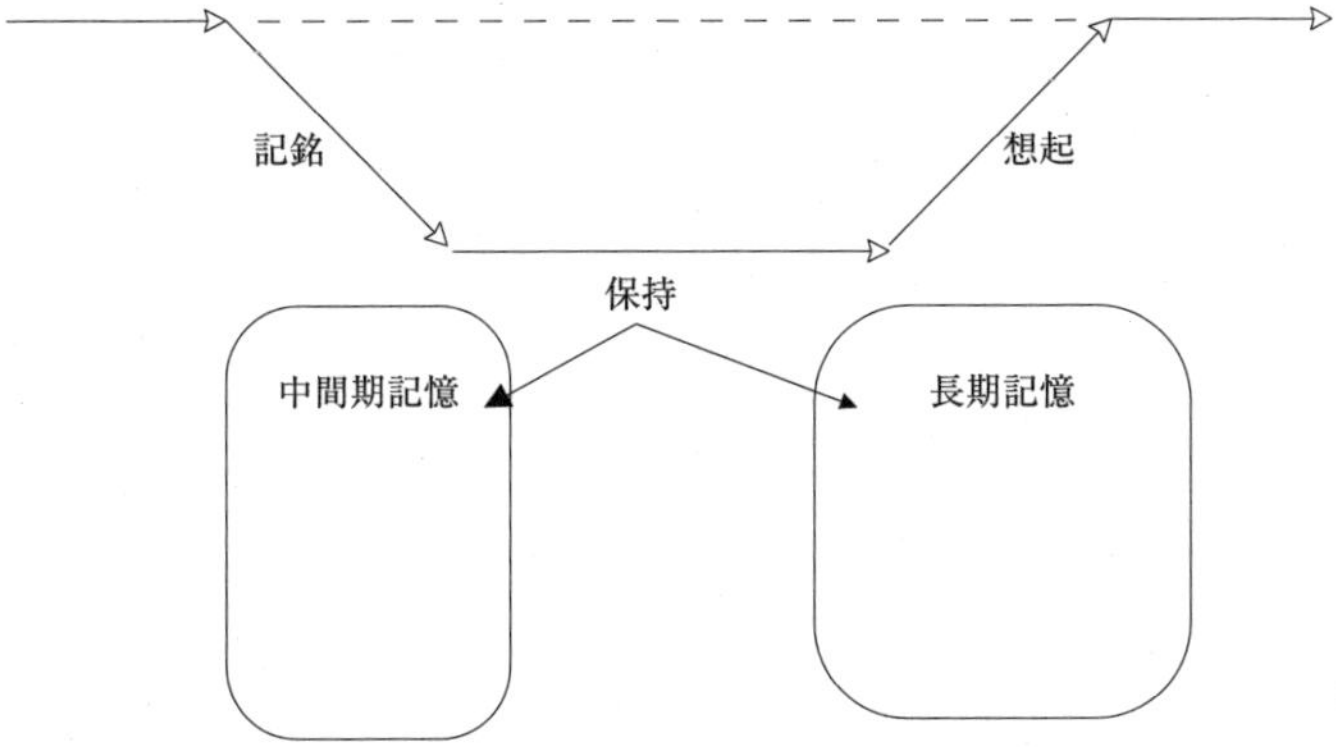

図 18　記憶のプロセス

ではありません。以前から精神医学や心理学では記憶を短期記憶と長期記憶に分けていたのですが、後述するようにこれは生理学的には誤りで、図18のように中間期記憶と長期記憶に分けなければなりません。

一九五三年に、当時二五歳だったH・Mという患者の難治性の側頭葉てんかんの治療の目的で、スコーヴィルというカナダの脳神経外科医が、両側の扁桃核と海馬を切除しました。当時の大脳生理学では、海馬を取っても障害が出ないと考えられていました。ところが、重大な記憶障害が起こり、ミルナーという女性のカナダの神経心理学者がH・Mの記憶障害を分析して以下の如き重大な発見をしたのです。

H・Mは、手術後のことが一切記憶できないという完全健忘の状態になりました。ところが、技能は無意識下に学習できたのです。たとえば、ピアノを弾かせるとどんどんうまくなります。ところが、ピアノを毎日練習しても練習したという記憶は消えますので、私は練習したことないのにどうしてうまくなったのでしょうと本人がいうのです。ということで、運動の技術は、海馬と関係ないということが証明されたわけです。また、H・Mは、記憶が全く働かないかというとそうではなくて、七秒間の記憶は正常ということが証明されました。これによって、七秒間の記憶（即時記憶）には海馬は全く関係しないのに、以降の記憶（中間期記憶）には海馬が不可欠ということが明らかになりました。短期記憶という概念が崩壊したのはこの時点です。さらに、H・Mの過去の記憶のすべてが崩壊したのではなく、二年以上の古い記憶（長期記憶）は他の人と変わらなかったのです。小学校の同級生が来ると、名前も全部覚えていました。そのため長期

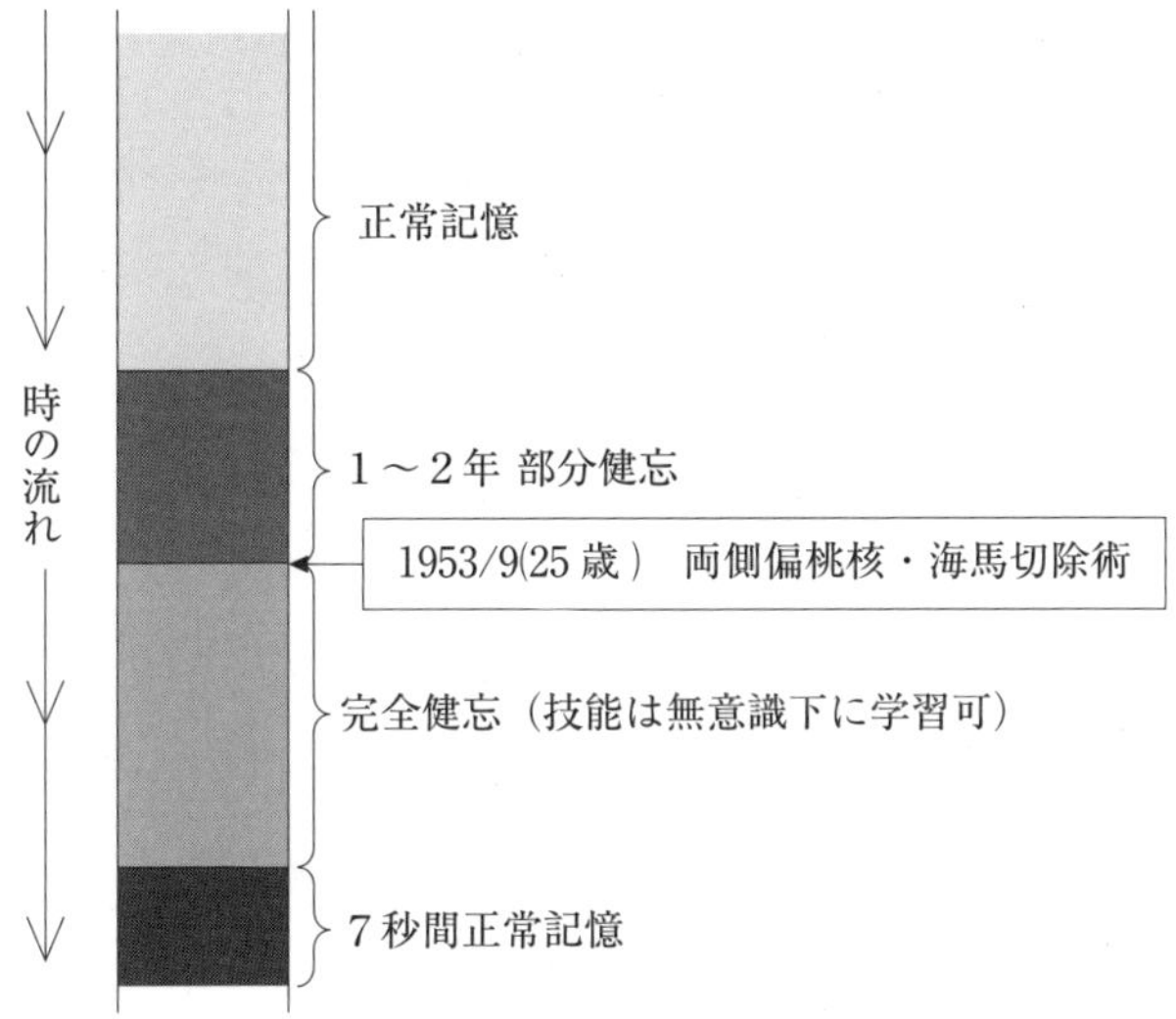

図19　HM氏の記憶障害

記憶は崩壊しておらず、海馬と関係ないということがわかりました。H・Mが困っているのは、手術する一、二年前頃の記憶がバラバラに残っているという部分健忘であります。H・Mの記憶障害を模式的に示したのが図19です。

図20に示したように、人間の認知体験の記憶には三つの機構があります。海馬と関係しない七秒間の即（瞬）時記憶、七秒を超えてから二年を超えない中間期記憶、二年以上たっても消えない長期記憶です。

図21は、脳内記憶機構を模式的に図示したものです。ピアノを弾く、泳ぐ、スキーをするといった運動技能は、小脳（中間期記憶）を介して補足運動野（長期記憶）に保存されます。この運動記憶は忘却しにくいのが特徴です。問題は、外界から入ってくる認知体験の記憶です。外界から聴覚、触覚、視覚を介

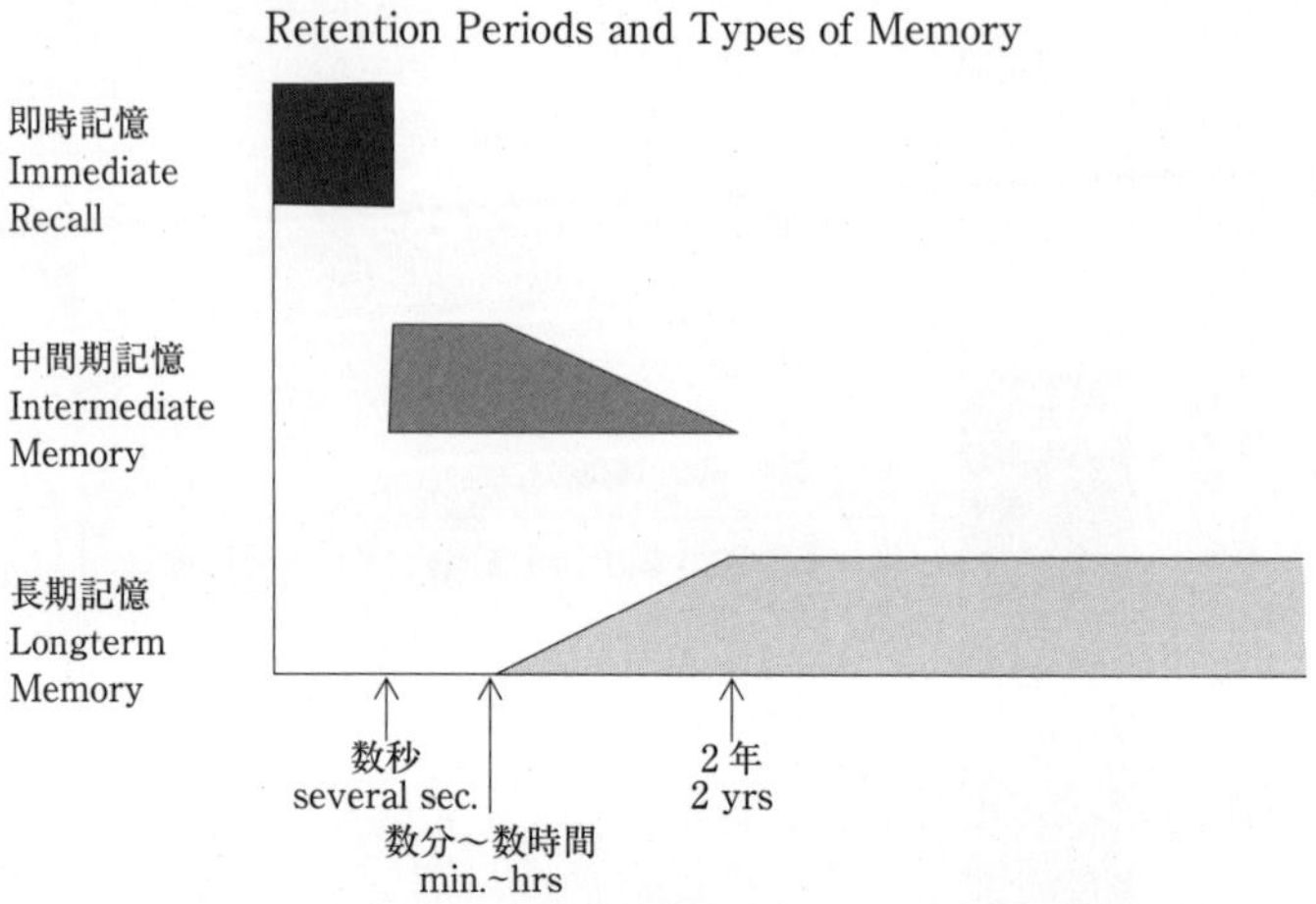

図 20　記憶の種類と保持時間

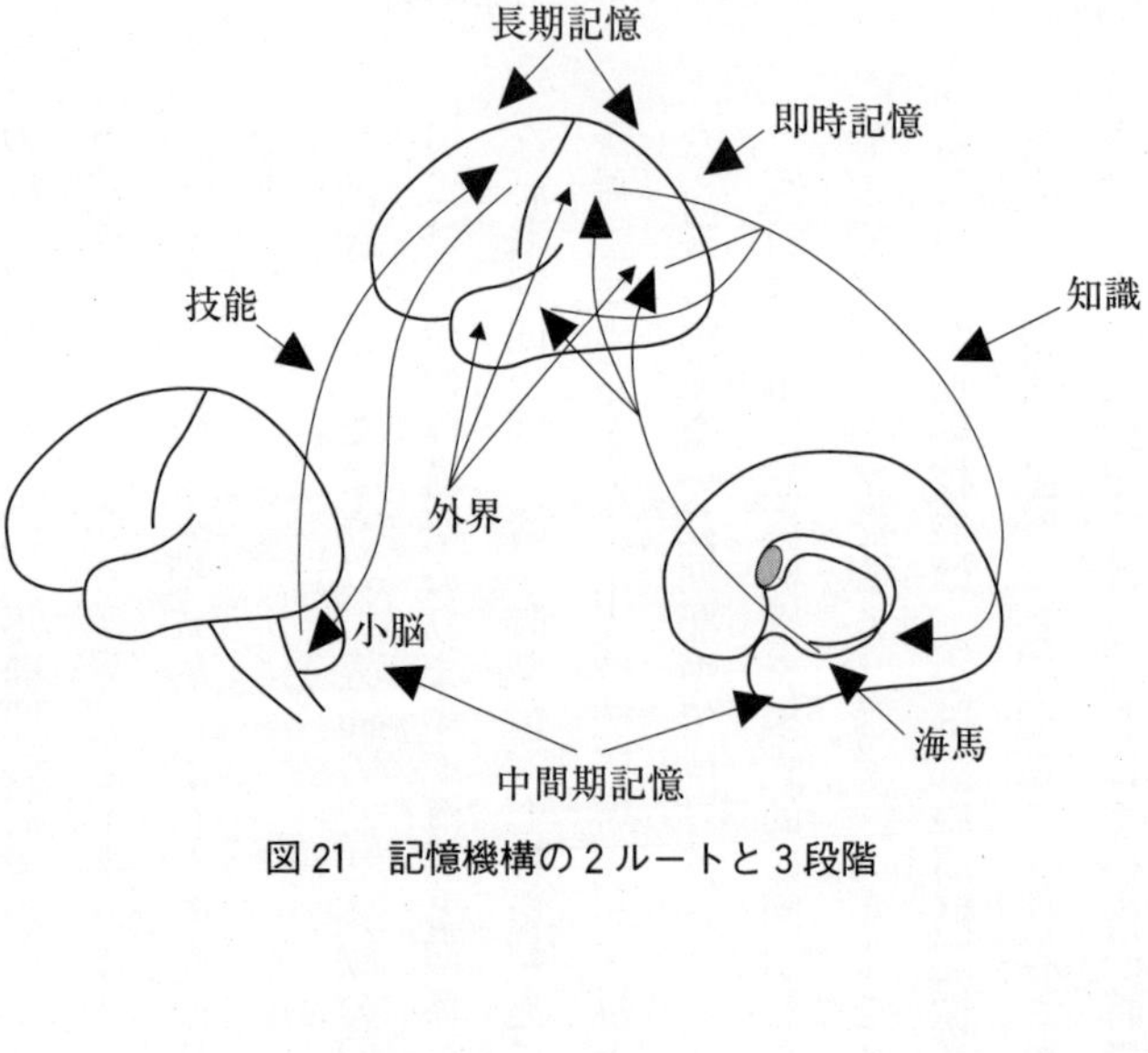

図 21　記憶機構の 2 ルートと 3 段階

する情報はそれぞれの連合野で認知されますが、これは七秒以内に消える即時記憶です。これらの情報のなかで、あれだけは覚えておこうと気を使った分が海馬に移送されますが、残念ながら海馬での記憶は二年を超えることができない中間期記憶です。強い感銘を受けた認知体験や反復復習した知識は、大脳皮質のそれぞれの連合野に戻され長期記憶として保存され消えません。これを消すには、アルツハイマーという病気が必要になってきます。

六、記憶と教育

大学入試のために詰め込んだ知識のほとんどは、海馬の中間期記憶に保持されていたために喪失してしまっていますが、九九や卒業した小学校の名前などを普段復習していないのに記憶しているのは長期記憶機構に保持されているからです。

大学の授業後の期末テストで測定しているのが全部中間期記憶だとすると、卒業後の発展とは相関するはずがありません。浜松医科大学では解剖学は三年生に教えていますが、五年生で臨床実習に来た時には、解剖学の多くを覚えていません。解剖学の知識を中間期記憶にしか入れていないからです。長期記憶の教育をしないと、効果的教育にはならないのです。

脳内記憶機構からみた講義の欠点について考えてみます。教育の現場でなぜ効率的な講義をしてはいけないのでしょうか。私は、浜松医科大学を定年退官してから愛知医科大学教授になりましたが、一回も講義したことはございません。図22に示したように、一〇〇の講義した知識のうち八五から九〇が数秒以内に忘却されてしまいます。授業が終わった後にテストしてみれば五点

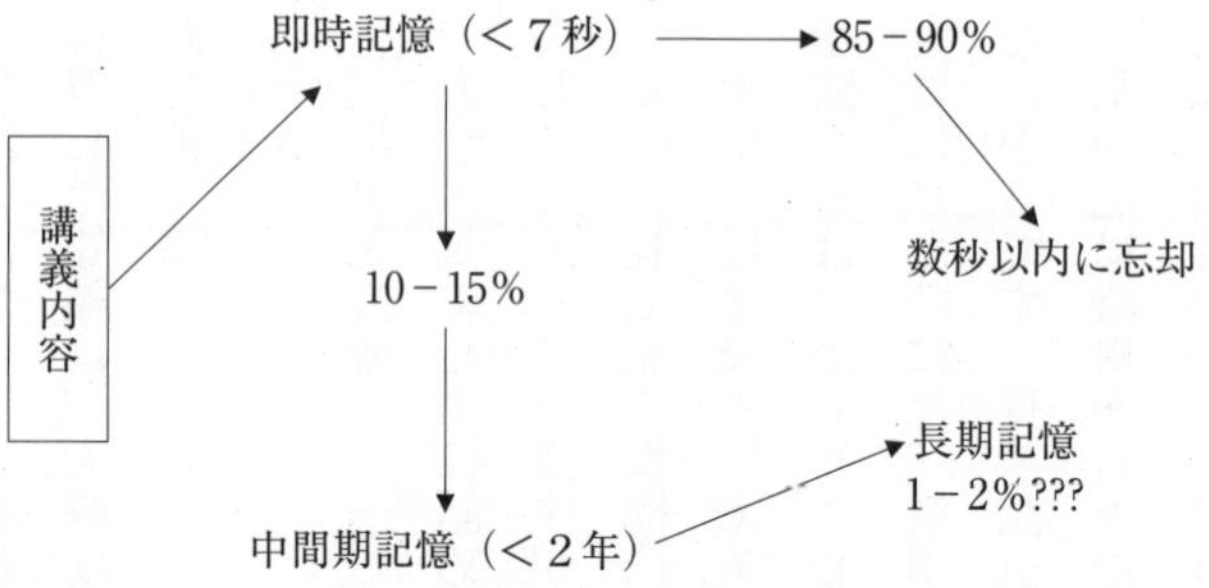

図22　記憶からみた講義の欠点

も取れません。わずか一〇％から一五％が中間期記憶に入るのですが、二年を超えられません。長期記憶には一から二％しか残らないといわれています。

一〇〇講義して残るのが一や五しかないのであれば、最初から三〇に絞って三〇を長期記憶に染み込ませる努力が必要です。これがＰＢＬの発想です。

愛知医科大学に看護学部ができたときの初代の看護学部長が高橋照子教授で、私のイリノイ大学医学部教育開発センターでの後輩でした。この高橋学部長が「くだらない講義をする人は明日辞表を出してください」と教授会で発言され皆が真っ青になったそうです。その後、教員たちが高橋学部長の最初の授業を傍聴に行きますと、彼女は数分しか講義しなかったそうです。「よい看護師になるために役に立つことを一週間研究していらっしゃい」と課題を出して退出されました。学生たちは、各自それぞれに研究課題を考えて必死に勉強させられました。なかには、農村の医療を研究しようと農村の保健師に相談に行った学生もいました。一週間後の授業は、研究発表の場で講義は一切ありませんでした。

七、長期記憶の脳内機構

脳の機能単位は神経細胞（neuron）で、図23に示したように、細胞体（soma）、他の神経細胞からインパルス（電気信号）を受ける数千本の樹状突起（dendrites）、信号を他の神経細胞に伝える一本の軸索（axon）から成っており、これらが図24に示したように神経回路網（neuronal network）を形成しています。電気工学でいうネットワークでは、すべて電気が流れる電気回路網です。ところが神経回路網では、神経細胞内は活動電流が流れておりますが、神経細胞間の接合部であるシナプスは電気が通らず、神経伝達物質（neurotransmitters）という化学物質によって信号が伝達されます。このことが脳疾患の薬物療法を可能にし、また脳内に記憶機構を発達させているのです。

たとえばパーキンソン病は、神経伝達物質のドーパミンが不足している状態です。ドーパミンを増やす薬を飲ませたら症状が改善します。逆に、統合失調症（分裂病）ではドーパミンが多すぎるので、ドーパミンをブロックする薬を飲ませると、統合失調症の症状が改善します（図25）。

神経細胞内を電気信号が流れ、シナプスから伝達物質が分泌され、これが次の神経細胞の細胞膜にある受容体に結合するとまた電気信号が流れるのですが、電気信号をもらった神経細胞は相手に神経栄養因子を返すという仕組みになっています（図26）。神経回路網によって分泌される神経伝達物質も返される神経栄養因子も種類が異なります。したがって、特定の神経回路網だけを壊すことも、活性化させることもできるのです。たとえば、アセチルコリンを分泌しますと、ＮＧＦ（nerve growth factor ＝神経成長因子）が返されますし、グルタミンを分泌しますとＢＤＮ

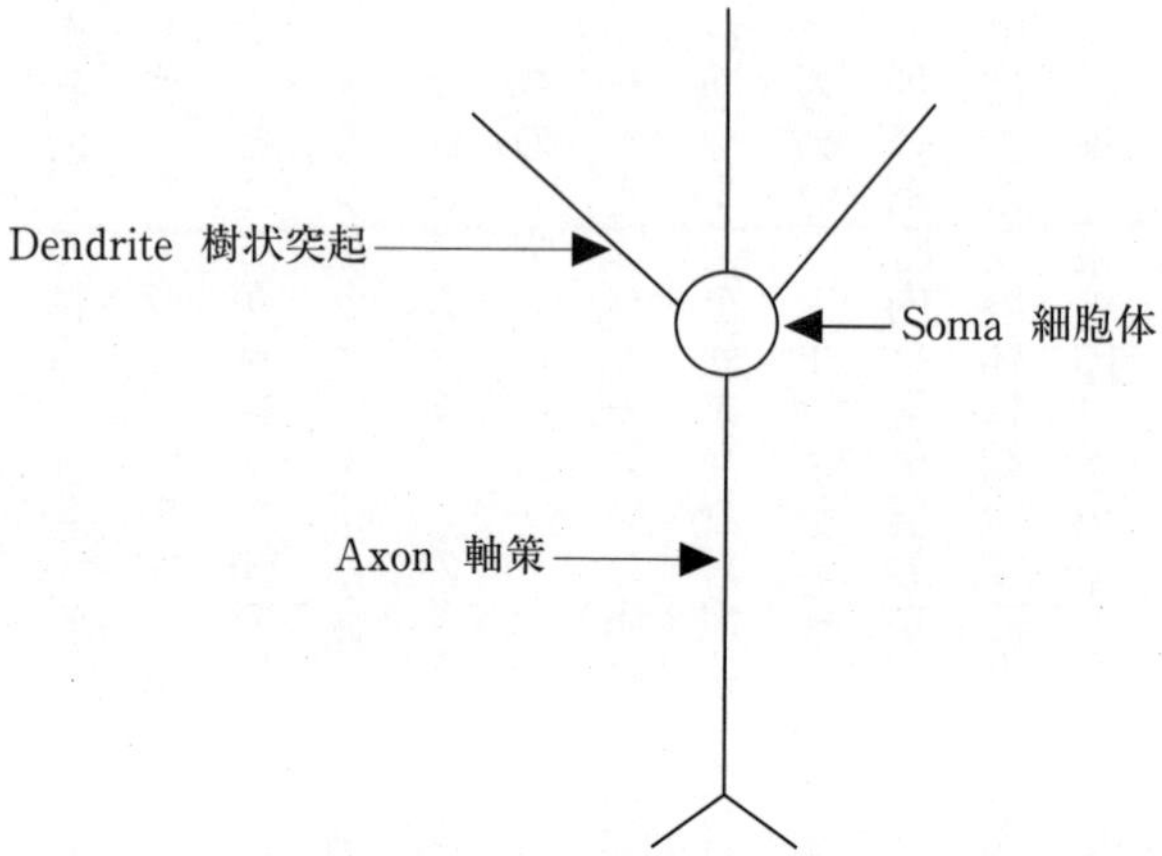

図 23　Neuron 神経細胞

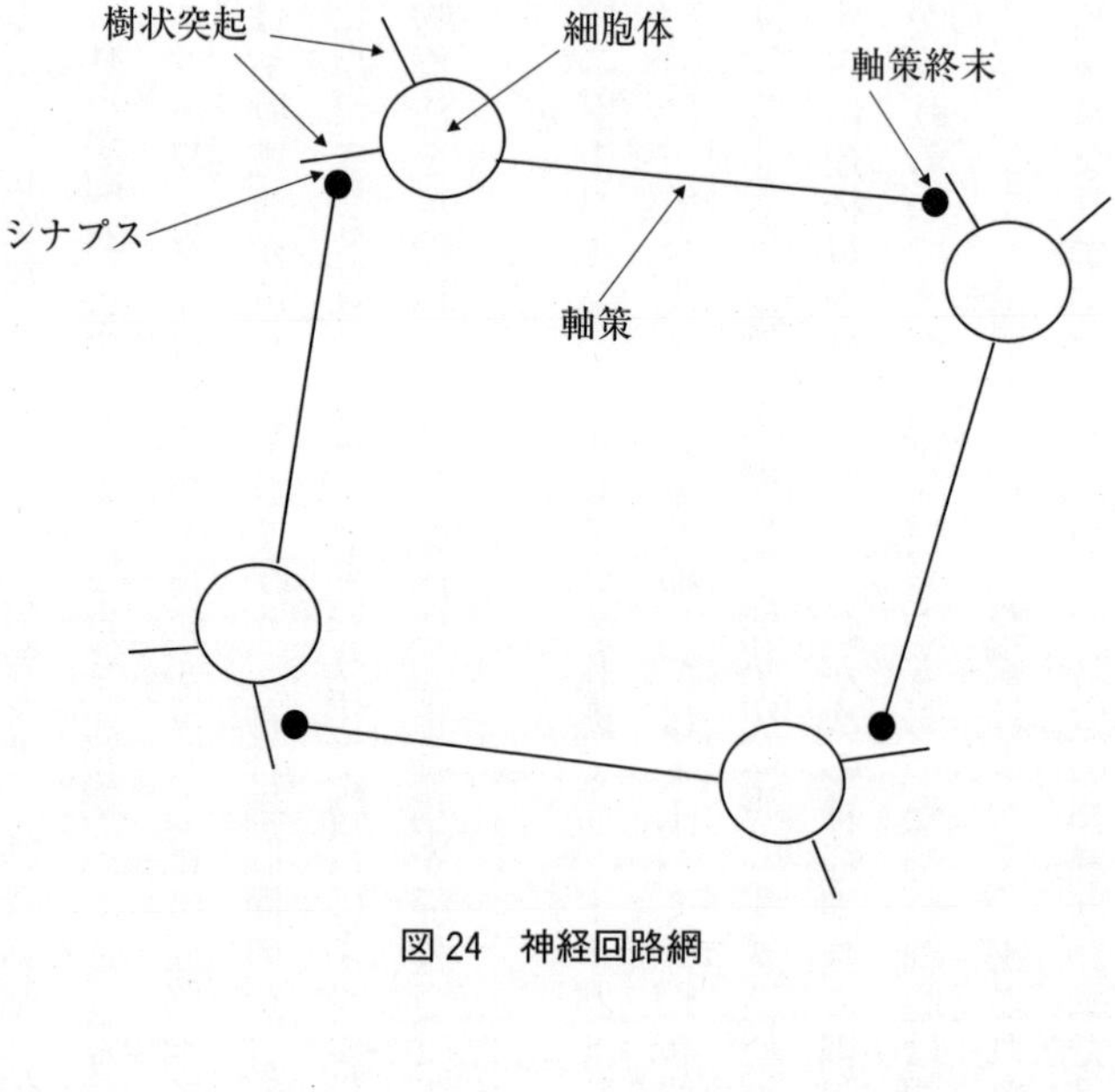

図 24　神経回路網

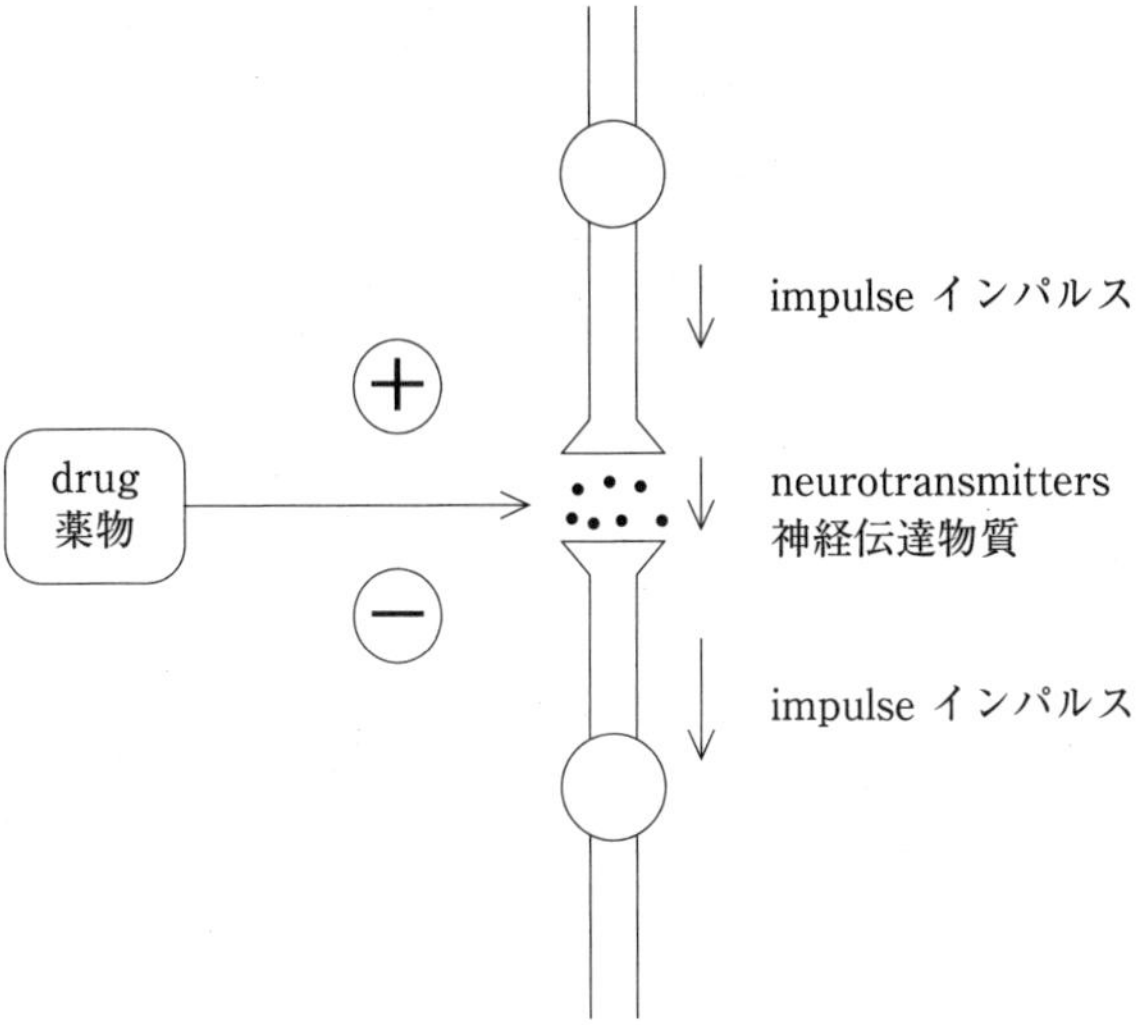
impulse インパルス
drug
薬物
neurotransmitters
神経伝達物質
impulse インパルス

図 25　シナプスと神経伝達

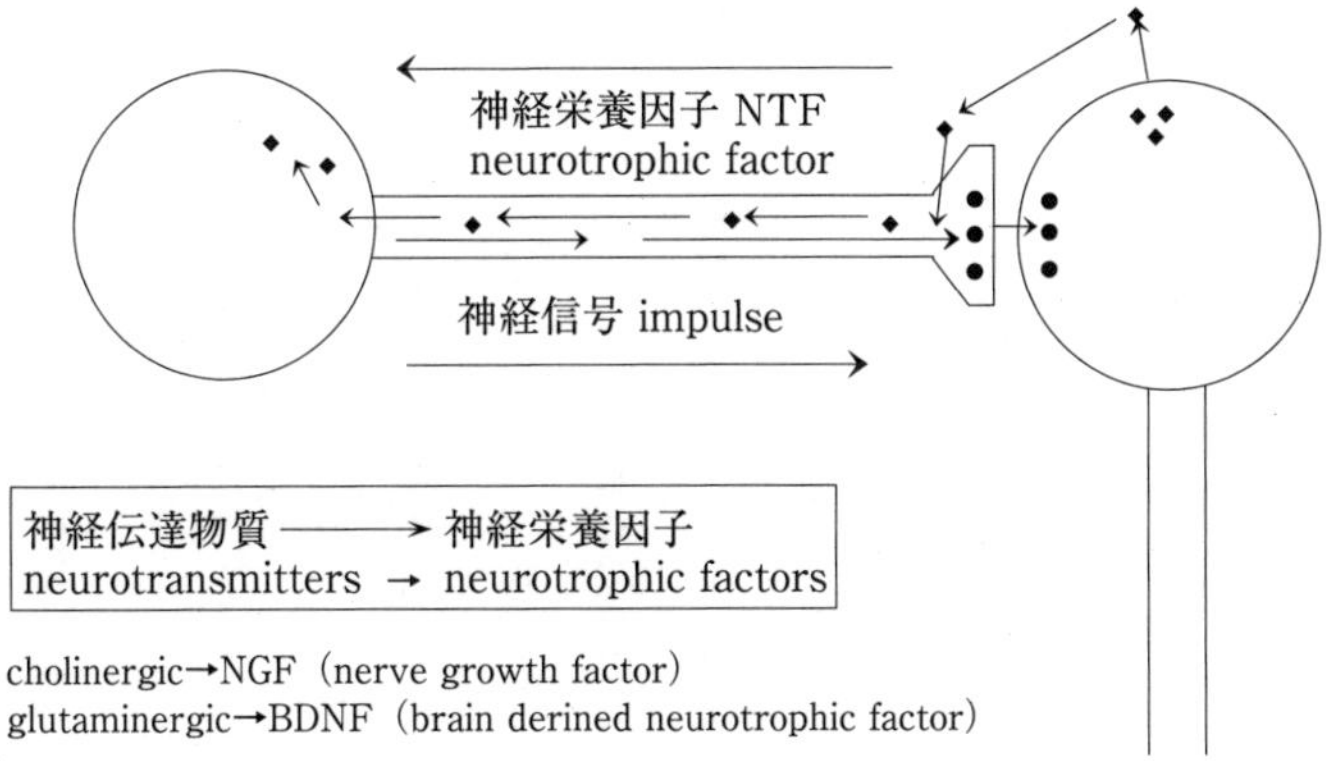
神経栄養因子 NTF
neurotrophic factor
神経信号 impulse
神経伝達物質 ——→ 神経栄養因子
neurotransmitters → neurotrophic factors
cholinergic→NGF（nerve growth factor）
glutaminergic→BDNF（brain derined neurotrophic factor）

図 26

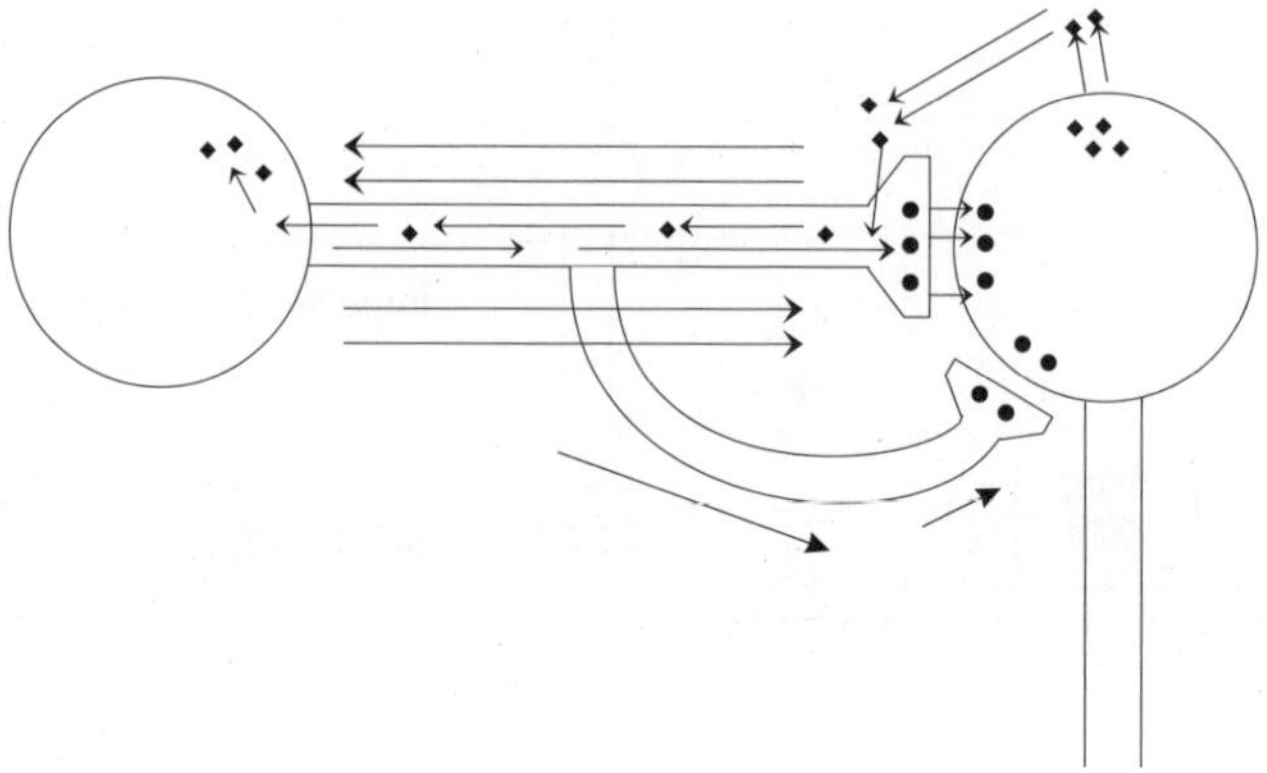

図 27

F（brain derived neurotrophic factor = 脳由来神経栄養因子）という物質が返されます。

たとえば、皆さんが心理学を勉強しているとします。心理学を朝から晩まで勉強すると、心理学に関係した神経回路網だけを一生懸命使いますので、そこで多くの神経伝達物質が分泌され、それに見合う分の神経栄養因子が戻ってきます。するとその神経細胞は栄養過多になって、細胞体が大きくなりすぎると破裂して死んでしまいます。死なないためには、細胞体自身の体積は増やさずに神経回路網全体の体積を増やすしかありません。そのためには軸索が枝を出すしかないのです（図27）。つまり、神経回路網は使えば使うほど枝を出して神経回路網を新生します。だから枝を出す時間がないてんかん発作が起こると細胞が死ぬしかなくなります。ところがゆっくりした学習になると、たっぷり時間があるので枝を出して神経回路網を新生していけばいいことになります。作ったものは簡単には元に戻りませんので、長期記憶は崩壊しないということになります。しかし、脳細胞が死

2007/11/5　2200-2300NHK

脳梗塞驚異の回復。眠れる再生力を生かす
新治療の挑戦

札幌医科大学脳神経外科　宝金教授

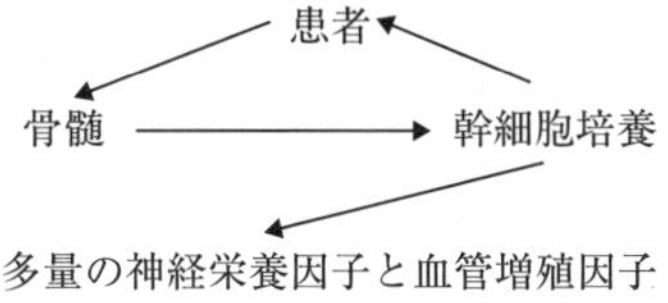

出所）2007年11月５日 NHK スペシャル「眠れる再生力を呼びさませ 脳梗塞・心筋梗塞治療への挑戦」より

図 28

んでしまえば終わりです。これがアルツハイマーです。

八、幼児教育の臨界期

札幌医科大学脳神経外科の宝金清博教授が、この原理を治療に応用しようとされています。患者が脳卒中で倒れたとき、ネットワークをリハビリで回復しようというのではどうしても時間がかかってしまいます。そこで図28に示したように、患者の骨髄細胞の中の幹細胞を採って、培養して、二〇〇〇倍にして患者に戻してみようというものです。そうすると、これは栄養因子をどんどん出してくれるので、三倍、四倍のスピードでネットワークが出てきて、回復が早くなるのではないか、というのです。これは二一世紀の脳科学の画期的研究になると思います。

生まれた時の脳には、成人の三から四倍の数の神経細胞があるといわれています。生後の学習体験によって使用されなかった神経細胞は死滅する代わりに、頻回に使用された神経細胞は神経回路網を新生し頑強にしていくようです。これが学習なのです。たとえば、AとBという同じ遺伝子をもった双子がいたとします。そして、二人は生まれてからの教育環境が違うとします。同じ遺伝子なのに、Aはある環境で育って、その環境に符号する神経回路網を作っていく一方で、Bは別の環境で違う神経回路網を作っていきます。同じ脳細胞の配列でも、こうやって変わっていくということです。子どもの時に形成された神経回路網の基本的なパターンは大人になったら簡単には編成を変えられません。これが幼児教育の臨界期で、これを過ぎると改変は困難となります。生まれた子どもは文系でも理系でも進むことができるのですが、親が文系に行かせる教育をすると、文系に育つのです。理系にしたかったら、生まれたときから理系に育てなければいけません。私の息子は三歳から音楽（バイオリン）をやっておりましたから、芸大のビオラ科に進み、現在はビオリストとして活躍しています。幼児教育というのは、六歳までで神経回網の基本的パターンが決まってしまいますので、それ以降は手遅れなのです。世界中の子どもたちは世界中の言語をしゃべれる可能性をもっていますが、親が日本語しか話さないと、子どもは六歳にして日本語以外の言語の発音はできなくなります。

脳梗塞で、図29に示したように、脳の中のある箇所の脳細胞（A）の軸索が壊れたとします。そうすると、そこから先の軸索が溶けてなくなってしまいます。そうすると、脳細胞BにはAから信号も来なくなり、Cともつながっておりませんので、どこからも信号が来なくなれば、栄養因子も受けられなくなり死滅します。ところが、リハビリをやってCから軸索を受けるようになると、栄養が来て、つながっていきます。私は一九六〇年に渡米留学した時に、日本人の方で、一九歳の時にアメリカに来られたという六四歳の男性にお会いしたことがあります。高校を卒業

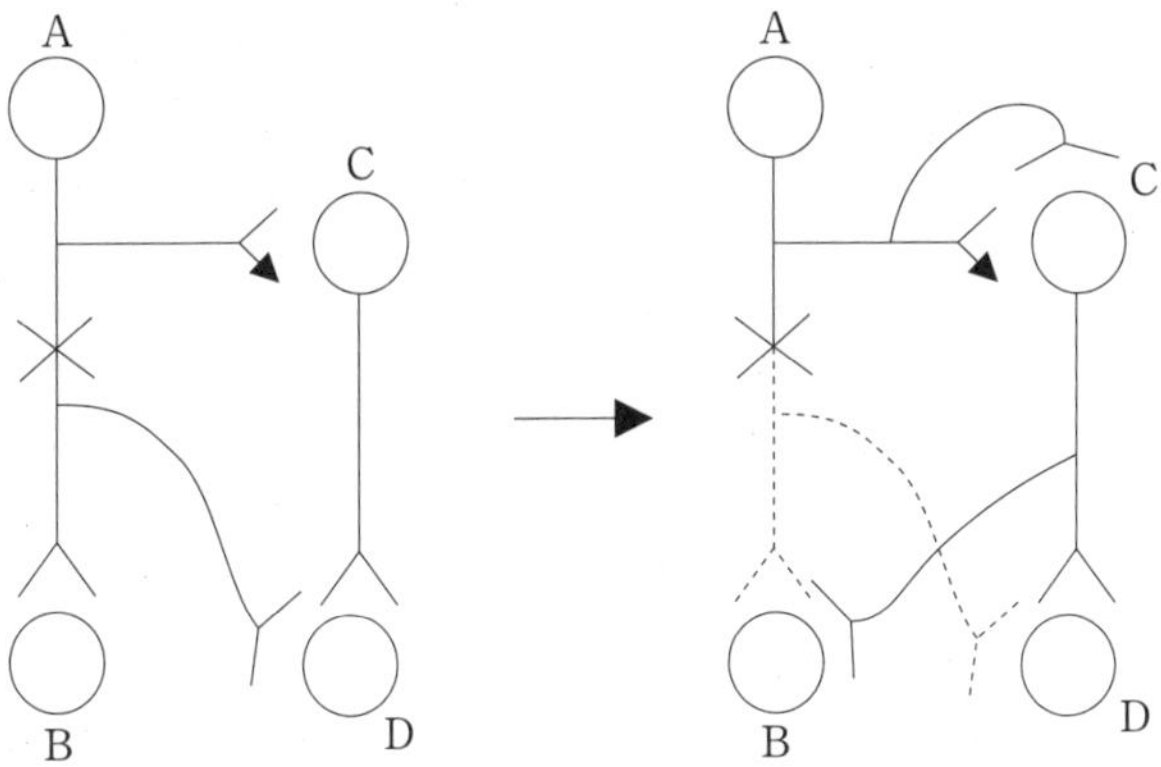

図 29

するまで日本語を学んでおり、日本語はできるはずなのです。ところがアメリカに来て、アメリカの女性と結婚したので、実に四〇年間にわたって日本語を使ったことがありませんでした。私が話しかけたら、「あー！　こん……」としか日本語が出てこなかったのです。つまり、日本語といえども、四〇年使わないと忘却してしまうのです。完全に使わなければ、アルツハイマーにならなくとも長期記憶も消えるということがわかってきました。

　要するに、脳とはもともと、どうにでも発達できるように、生まれたての赤ちゃんには、成人の三倍から四倍の脳細胞があって、あらゆる結合が可能な状態になっているのです。ところが生まれてから使わないと、使わなかったものは溶けてなくなってしまいます。ネコの実験ですと、ネコは二週間で溶けてなくなります。ですからネコの臨界期は二週間です。では、人間の臨界期がいつかというのが問題になります。

　京都大学の本庄元耳鼻咽喉科教授によりますと[8]、赤ちゃんが生まれてから、一歳で音韻の分析が可能になり、一単語だけわかるようになってきます。一歳半になりますと、二語文はわかるようになります。二歳になると主語、目的語、動詞がある三語文がわかるようになります。そして三歳児になると数の概念が発達し、五歳になると抽象的概念が発達してきます。イギリス系では小学校は五歳入学ということになっています。私の娘はアメリカで生まれまして、イギリスで五歳になりましたので、イギリスの小学校に行きましたが、日本に戻ってきたら幼稚園に逆戻りさせられて非常な心理的なショックを受けました。理論的にはイギリスが正しいのです。

臨界期については、野生児の言語獲得機能の限界について考えてみましょう。本庄氏によりますと、六歳半の野生児を人間の社会に戻したら正常に言語が発達したのですが、八歳で助けられた子どもは九年間特訓を受けたが五〇単語の習得が限界であったというのです。また、一〇歳を過ぎた子どもは、誰一人言語を獲得していません。ということは、言語習得からみると臨界期は五から六歳です。

音楽では、昔から絶対音感の習得は六歳までといわれています。私の息子は三歳から音楽をやっていますが、一サイクルの音の違いがわかるそうです。ピアノは弾けば弾くほど音程が少しずつずれますが、ピアノコンチェルトでは交響楽団の全員が音程のずれていくピアノに合わせて演奏しているそうです。囲碁でも世界的な碁打ちになるには、幼稚園までに碁をやらないといけないといわれています。スポーツも同様です。つまり、人間の脳の基本的なパターンが形成されるには小学校では手遅れで、幼稚園までなのです。学習効果は小学校で急速に低下し、中学校になると明らかに手遅れです。そのため私は、英語教育を中学で始めるのは間違いだと、文部省で三年間言い続け、小学校で始められるようになりました。

英語教育についてどこが違うかといいますと、通常強調されている〝l〟と〝r〟などの子音の違いではなく、母音の違いです。「this is」を皆さんはどう発音しますか。【ðis iz】ではなく【ðィs ィz】と発音するでしょう。これは日本語的英語です。この「ィ」と［·i］の違いは、日本語では表せません。これは、音楽の絶対音感に相当する違いです。私は、三歳から英語を聞いています。〝hat〟〝hut〟〝hot〟（米語発音の）を同じく「ハット」と発音してしまうと、何がハットなのかわかりません。［hǽt］［hʌ́t］［hɑ́t］と正確に発音しないと通じません。大学で医学英語の授業をしても、学生が帰国子女かどうかは、母音が違いますので、すぐにわかります。子音は関係ありません。子音は、誰でも集中練習でできるようになります。問題は母音の違いで、これは臨界期を過ぎると、習得は不可能ではなくても相当困難になります。

九、脳科学からみた効果的教育――Problem-Based Learning（ＰＢＬ）

図30は、脳内記憶機構をまとめた模式図です。認知体験は、海馬が中間期記憶の場であって、長期記憶は感覚連合野です。運動技能に関しては、小脳のプルキンエ細胞が中間期記憶の場で、長期記憶の場は補足運動野です。記銘と想起には前頭葉が関係してきます。

アメリカでは、医学部の先生には誰一人教育学部を出た人がおりませんでした。アメリカの多くの医学部で、学生を勉強させようと次から次へと抜き打ち試験をして、学生を試験地獄に追いやっていたのが一九五〇年代でした。その結果、アメリカの某有名大学医学部で四五％の学生が

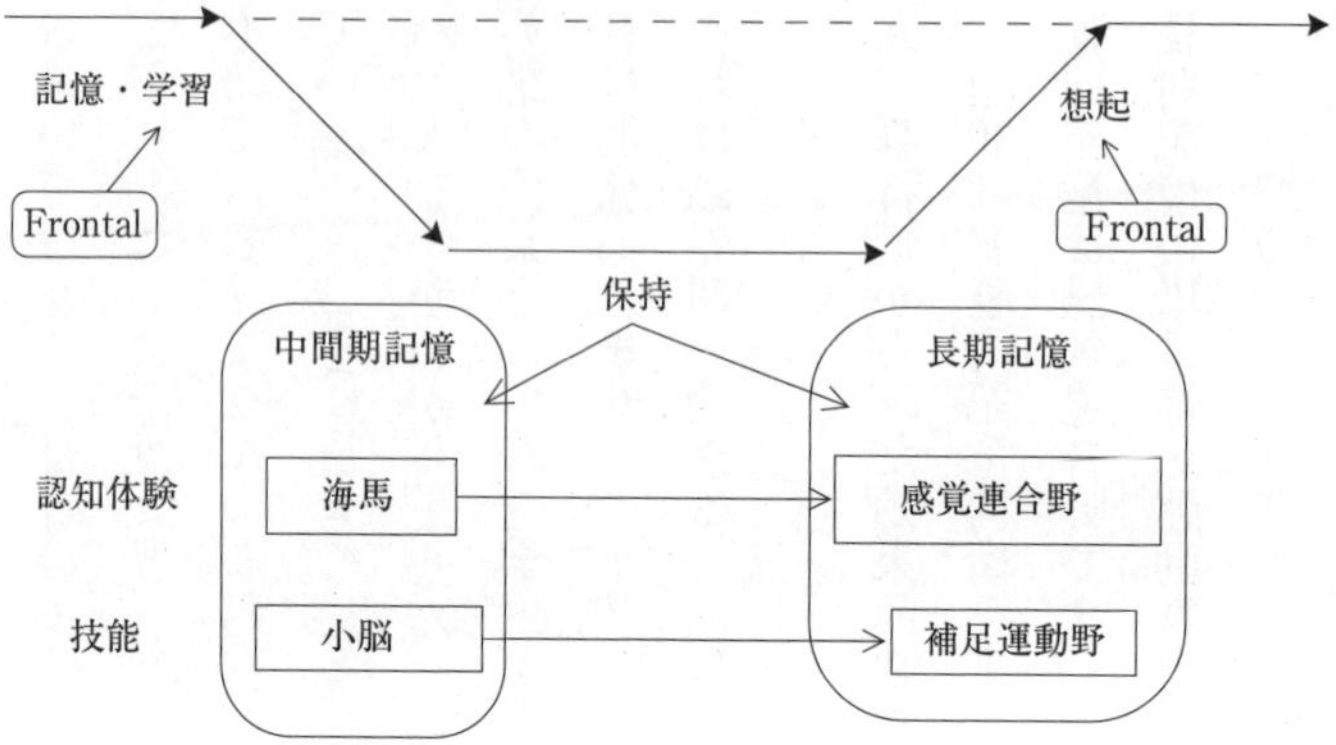

図 30　記憶のプロセス Memory Processes

精神科外来を受診し、一五%が精神科に入院したという事態が発生しました。こうしてアメリカの医学教育が崩壊しかけた時に、イリノイ大学の医学部長が一九五九年に教育開発センターを作って、ミラー（Miller, G. E.）という教育学に精通したニューヨークの循環器内科医を初代の所長に、先述のクリスティン・マクガイアという教育心理学者を副所長に迎えたのです。それでアメリカの医師国家試験、専門医認定試験を次々と改革し、ヨーロッパやアジアの医学教育と教育評価も改革していきました。

私がマクガイア先生に教わったことは、「教育することは、単に教えることではなく、学習者の行動を望ましい方向に変容させ、かつそれを習慣づけることである。教育は、習慣形成（habit formation）を以って終了する」という教育の定義でした。帰国後、私は千葉大学病院脳神経外科講師として研修医の教育を担当しました。ある研修医にカルテの書き方を指導したところ、大変きれいな読みやすい字できちんと書いてくれるようになりました。ところが、彼が関連病院の脳神経外科医長になると、全然カルテを書かなくなったばかりか、後輩の研修医にも書かせなくなりました。彼に理由を聞きましたら、千葉大学では植村研一先生がうるさく言うのでカルテをきちんと書いたが、この病院には先生がいないので書くのを止めたとのことでした。彼はカルテを書く能力を習得したが、習慣形成には至らなかった、つまり私の教育が完全に失敗したのです。

たとえば、医師が患者に「タバコやめなさい」と言っても、患者は医師の前ではタバコを吸いませんが、家に帰ればすぐに吸ってしまいます。あるいは、糖尿病の患者に「ウエイトコントロールしなさい」と言っても、患者は「わかりました！」と言いますが、家に帰るとチョコレートを食べたりします。これは、習慣形成がされていないということで、教育の失敗です。お説教しても、大人は言うことをなかなか聞きません。教育を基本的なところから考えなければなりません。

そのためには、学習意欲を高める効果的な学習をしなくてはいけません。では、その効果的な学習はどのようにして成立するのでしょうか。動機づけが基本になります。たとえば、のどの渇いていない馬に水を飲ませることはできません。それと同様に、学習意欲のない学生に勉強させることは容易にはできません。必要は発明の母であると同様に、ニーズは学習の根源です。ニーズのないところに教育は成り立ちません。つまり、学生は必要に迫られないと学習しません。試験で落とそうとすると、試験に合格するために勉強しますから、試験が終わるとすべて忘れてしまいます。そういう教え方をしてはいけないのです。医学部であれば、「このことを知らないと

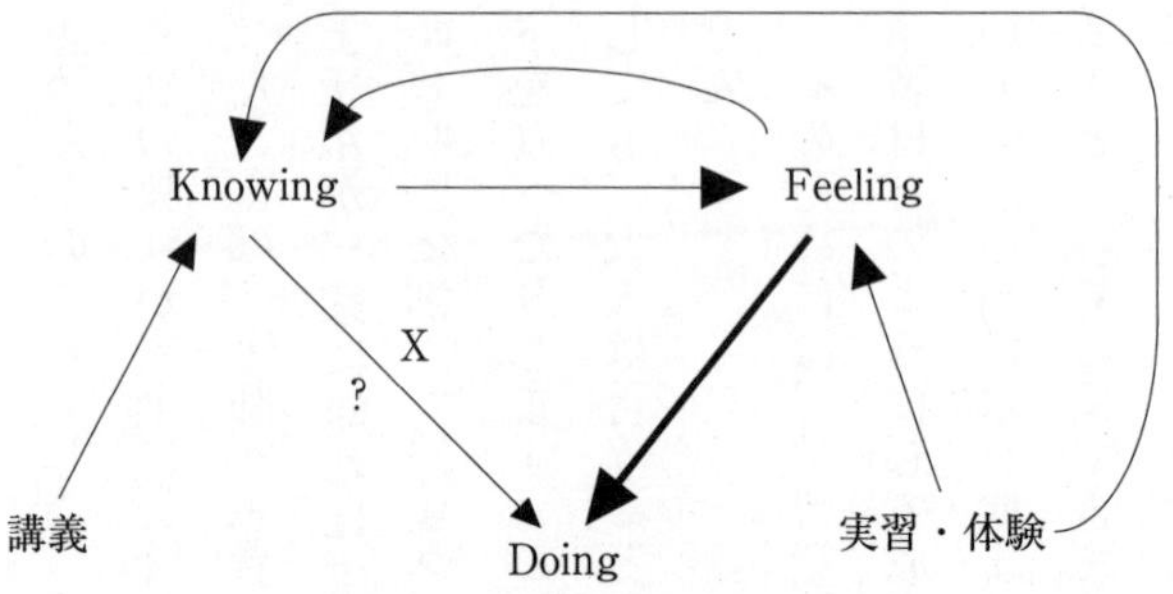

図31　人間の行動の変容

医者になって将来困る」ということが実感されると学生は勉強するのですが、「試験に出すよ」と言ったら、試験までは覚えていますが、その後は忘却されるのです。必要に迫られないと学習をしないということですが、ニーズは説得しても効果がないということ、つまりネコに小判ということです。

　では、教育で人間の行動をどうやって変えることができるのでしょうか。図31は、オーストラリアの教育学者のコック先生が日本に来られた時の講演を基に、私が作成した模式図です。knowing（知識）から doing（行動変容）は起こりません。タバコを吸ったら一〇倍以上肺ガンになるリスクが増すといくら言っても、タバコを吸ってしまいます。実際、私の知る肺外科の複数の教授たちは、皆タバコを吸って肺ガンで死んでいます。では、何から doing が起こるのでしょうか。feeling（感動）から起こるのです。強い感動 feeling から誘発された行動 doing を止めることができないことは、テロリストのテロ活動を止められないことからも明白です。だから、学生を動かして行動変容させようとするなら、講義という knowing ではなく、学生に自分の無知を自覚させ学習のニーズを痛感させる feeling を始めたらいいということです。臨床医になりたい医学生に、講義ではなく、いきなり実際の臨床問題をぶつけて、医学部の学生だったら一年生にいきなり模擬患者をみせて、何にも知らない学生を右往左往させ困らせればよいのです。飛行機のパイロットも、コンピュータ・シミュレーションによる模擬飛行機でいきなり操縦をさせたらよいのです。ただし、これには二億円のコストがかかりますが、飛行機を一〇回も二〇回も落として、死ぬ思いをしていくなかであっという間にうまくなります。こういう教え方が、feeling を興奮させる教え方なのです。

こうなれば自然と knowing に向かい、自分で図書館に行くようになります。講義をする必要はありません。必要を感じて、自分で図書館で得た知識は簡単には忘れないのです。ですから、講義をして実習するのは間違いで、自習をさせて、困ったらグループワークをさせて、そして発表をさせて、そこに教師がコメントを数分すればよいのです。

これがワークショップ形式、グループワーク自己学習、チュートリアル、ＰＢＬという教育方略です。workshop とは何かというと、字の通り work して shop することです。work というのは働くこと、学生なら勉強することです。要するに、学習活動に積極的に参加することが work です。shop というのはお店ではありません。ものを作る工作室が shop の意味です。製作して余ったから売るのも shop です。だから昔は、靴屋さんが自分で靴を作っていましたから、shoe shop と名乗って売っていました。本屋は自分の所では製作せずに印刷会社に丸投げして、製品を並べて売っているだけですので、bookshop ではなく bookstore です。ため売り（store）と、ものを作ること（shop）は違います。shop は、自分で作らなくてはいけません。では、何

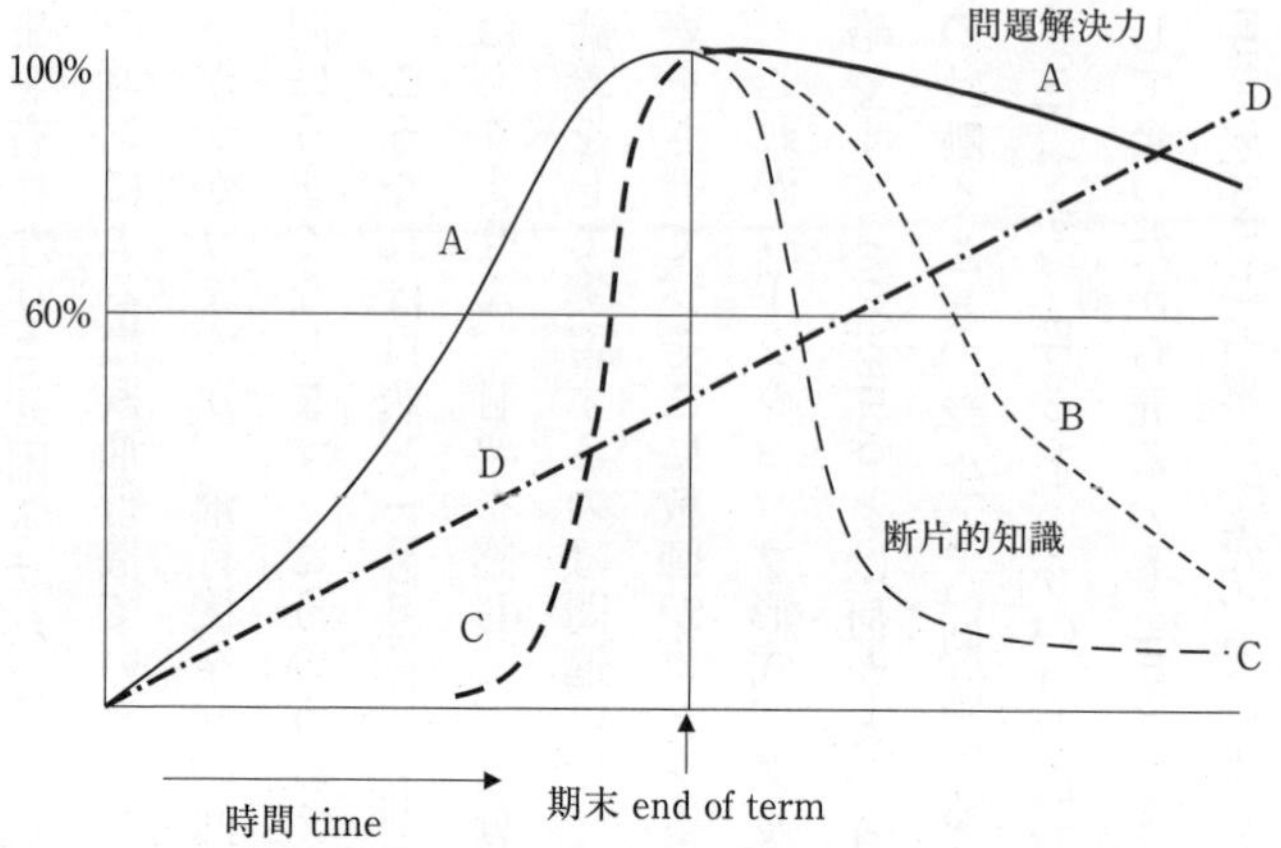

図 32　忘却曲線（Forgetting Curve）

を作るのでしょうか？　学習成果を出すことです。教師に課題を出され、自分たちで一生懸命学習や討論をして問題を解き、成果を出すことです。この体験自己学習ＰＢＬこそが、忘れにくい学習方略なのです。

図32に示したように、試験をすると、授業に出てこないのに試験だけ受けて、一〇〇点を取るような学生Ｃがいます。一方で、授業でもしっかりやっているのに五〇点しか取れない学生Ｄがいます。後者Ｄは落第でしょうか。昔の医学部は六〇点を以って合否を判定しましたので、前者Ｃは試験に受かり、後者Ｄは落ちます。では、試験に受かった学生Ｃはその後どうなるでしょうか。皆さん、一夜漬けしたものが数日後には何にも残ってないことはよくわかっておられると思います。問題は、そこなのです。逆に、こつこつ勉強した学生Ａの学力はいつまでも残っているかというと、必ずしもそうではありません（ＡとＢ）。ではどうすればよいのでしょうか。

また、意外なことに、周りからダメだと思われていた学生が卒業してから伸びていくことが多くあります。私の同級生の中に、授業の時よく教授から「バカ」と言われていた人が、今では国立大学の教授になって、私と一緒に定年退官しました。こういう学生を点数で落とすわけにいきません。

この問題の解決にマクガイア女史が招聘されたのです。応用力というのは、一度身につけたらなくなりませんが、断片的知識は、一夜漬けもできますが、せっかく覚えてもすぐ消えます。一夜漬けだけで合格するのは、断片的知識だけを試験しているからです。もし一夜漬けの学生Cにいきなり応用問題を出したら、受かることはありません。こつこつ勉強する学生Aも、知識だけ勉強している学生Bも試験の点数はいいのですが、その後は忘れてしまいます。これを防ぐためには応用問題を出さなくてはいけません。ということで、マクガイア先生のアドバイスに従って、アメリカの医師国家試験、専門医認定試験から断片的知識を問うテストがなくなりました。私もまた、厚生労働省の医師国家試験改革委員会の座長をした時に、日本の医師国家試験から断片的知識を問う問題は全体の一〇〇点中の一二・五点に絞り込みました。ですから、教科書を丸暗記した学生は、一二・五点しかとれません。浜松医科大学の卒業生が医師国家試験で、なぜベスト五に入ったかというと、常に応用を意識した教育と試験をしているからなのです。大学でそういう教育をしているところは常にトップクラスです。逆に、講義中心の大学は常に上位にはなれていません。大学に入ったときの入試の成績とは関係なく、入学後の教育によって違ってくるのです。かつて、川崎医科大学は全国トップを走っていました。しかしこれは水野祥太郎学長がいた間だけです。それから自治医科大学は、高久史麿先生が現職の教授の時には常にトップでしたが、一九八二年に高久先生が東京大学に戻った後自治医科大学は急降下し、一九九六年に高久先生が自治医科大学学長として戻ったら、またトップに立ちました。簡単なことです。教育のリーダーがいるかいないか、ということです。教育の仕方でこれほどまでにも違うのです。

よく、教育すべきは知識か応用力かと議論されます。数学の応用問題を解くには、確かに公式を暗記していなければなりません。ですが、公式の知識のみをテストする数学者は、世界中探してもどこにもいません。いきなり応用問題を解かせます。公式を知っていても応用問題を解けるとは限りませんが、応用問題を解ける学生は、公式の知識は十分にもっていることは明白です。試験すべきは応用問題の解決力であって、それに必要な知識そのものではありません。ですから医学部の医師国家試験で知識が一二・五%を超えてはならないのです。これが私が提唱したルールです。

また、忘れにくい教育というのは体験学習です。身体で覚えた知識・理論は忘れにくいのです。それから、自分で勉強することです。先生が答えを出すというのは、一番下手なやり方です。だから学生にクイズを出して、後は放っておけばよいのです。私はいつも三〇分間、教授室でコーヒーを飲んでいます。講義はしません。その代わり、学生は私の出した課題を三〇分で解かなければいけませんから、必死になって本を読んで、勉強します。できあがった頃、私は教授室から戻って、講義室で学生の発表を聞きます。授業の度に三〇分間コーヒーを飲めるのは素晴らしいことです。その代わり、学生は絶対にサボれません。大事なのは、グループで学習させることです。単独飛行は非常に危険です。これは、浜松医科大学と筑波大学が証明していることです。浜松医科大学から五人グループの全員がまとまって医師国家試験に落ちたことはありません。落ちた人は、グループから排除されていた学生です。したがって、落ちた学生に対する同級生からの同情はまったくありません。これは、仮に医師になってもチームワークを組めないような学生なので、排除され、また同情もされないのです。グループワークができない人は、医師にはならないでいただきたいのです。

一〇、右脳の教育

右脳の教育が極めて効果的です。人から聞いた話や文章で呼んだ知識は左脳に入りますが、すぐに忘れてしまいます。ところが図形、模式図、写真といった視空間認知は右脳に入り忘れにくいのです。私は一度だけベネチアに行ったことがあるのですが、一〇年後にＮＨＫのある番組を見たとき、「あ！これはベネチア！」とわかりました。ＮＨＫで映っていた映像は、必ずしも私が行った場所ではないのですが、見た瞬間にベネチアとわかりました。間違ってもオランダとは思いません。どうしてでしょうか？　そういう事柄は一度見たら永久に消えないくらい、右脳の記憶が長いからです。

通常、学生は文章でノートを取りますが、これは左脳の活用で記憶に残りません。私は学生にいつも「文章でノートをとらないで図解しなさい」と指導しています。したがって、先述の「人から聞いた話や文章で呼んだ知識は左脳に入りますが、すぐに忘れてしまいます。ところが図形、

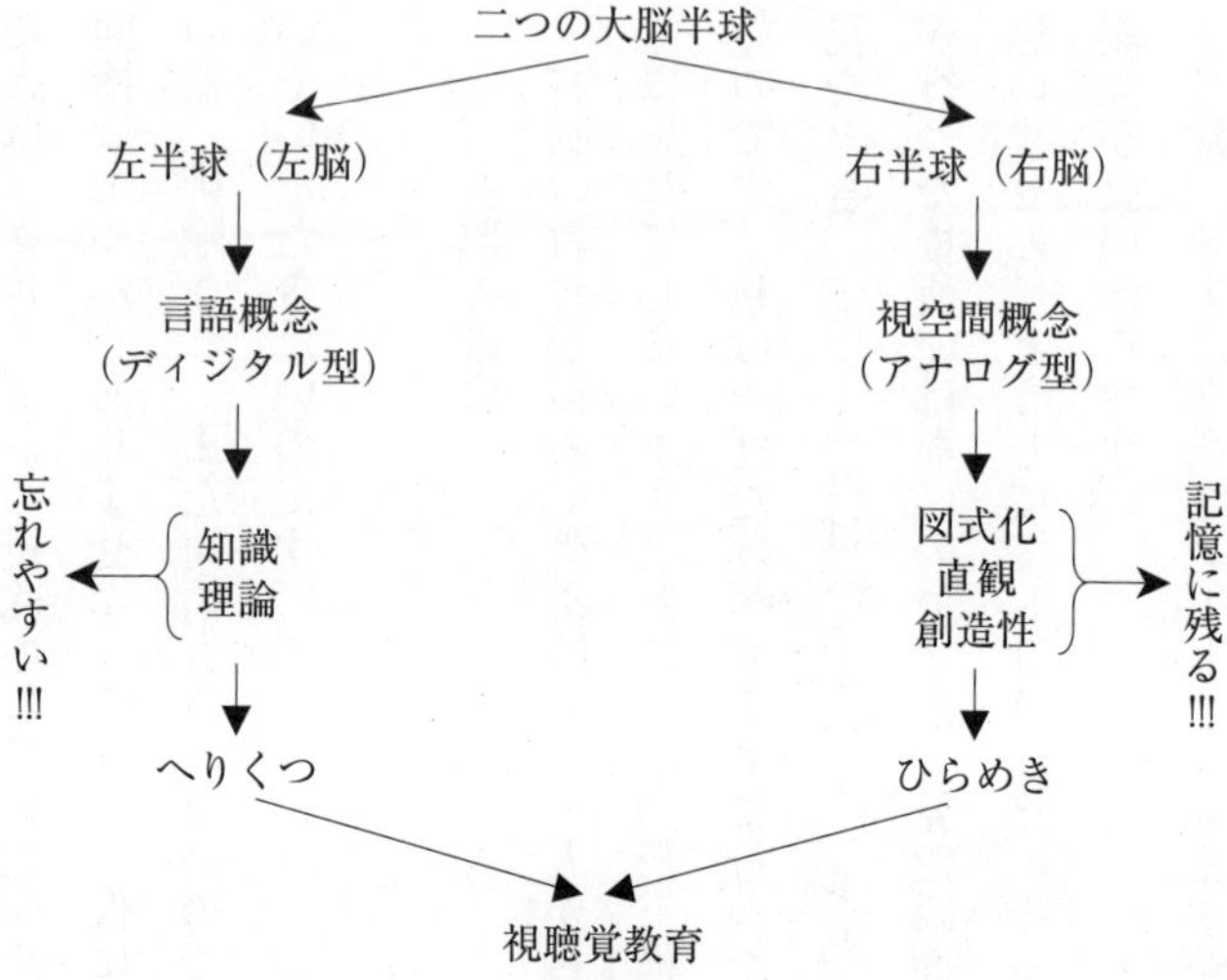

図 33

模式図、写真といった視空間認知は右脳に入り忘れにくいのです」というのを図解すると、図33のようになります。これにより「脳には左脳と右脳があり、左脳には言語概念があってデジタル型の情報が入り、そこに知識やへりくつが入るがみな忘れてしまう。右脳は視空間認知に関与し、アナログ型の情報が入り、図式化、直観、創造性、ひらめきに役立ち、これは記憶に残る」ということが理解され、かつ忘れにくいのです。視聴覚の教育の重要性の実践です。

一一、単科集中積上げ方式

教授学習の方法には、「単科積み上げ方式」と「多科同時進行（バラバラ学習）方式」の二つがあります。「単科集中積上げ方式」は、一科目ずつ集中して学習するということです。たとえば外国語の場合、英語、ドイツ語、フランス語を一年間勉強しようと決めたときに、月曜

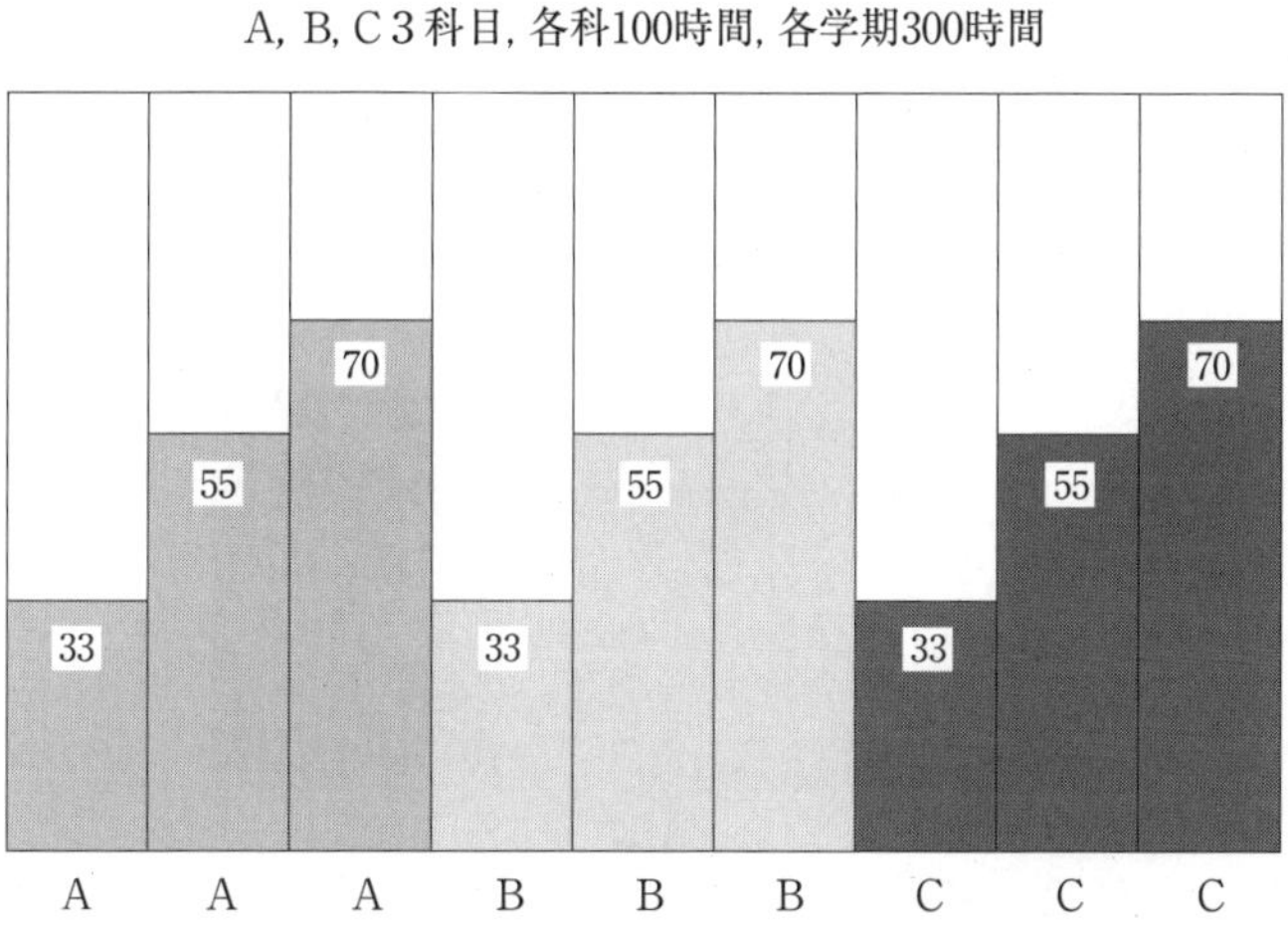

図 34

日と木曜日に英語、火曜日と金曜日にドイツ語、水曜日と土曜日にフランス語を学習するのが「多科同時進行方式」で、最初の四ヵ月間に英語のみ、次の四ヵ月間にドイツ語のみ、最後の四ヵ月間にフランス語のみ集中学習するのが「単科積み上げ方式」です。

ある科目を一回集中して勉強すると大体三分の一は覚えられるといわれております。そうすると、図34に示したように、三回ずつ勉強すると全科目とも七〇点で合格点がとれます。一方、「多科同時進行方式」では脳が混乱します。今日は英語、次の日はドイツ語、さらに次の日はフランス語が入ってきて、ウエルニッケ感覚性言語野が混乱してしまいます。この場合、結局全科目を一回学習し終わった時に覚えられるのは、四分の一もしくは八分の一位でしょう。仮に四分の一として計算しても図35のようになり、すべての科目で落第点を取ることになります。

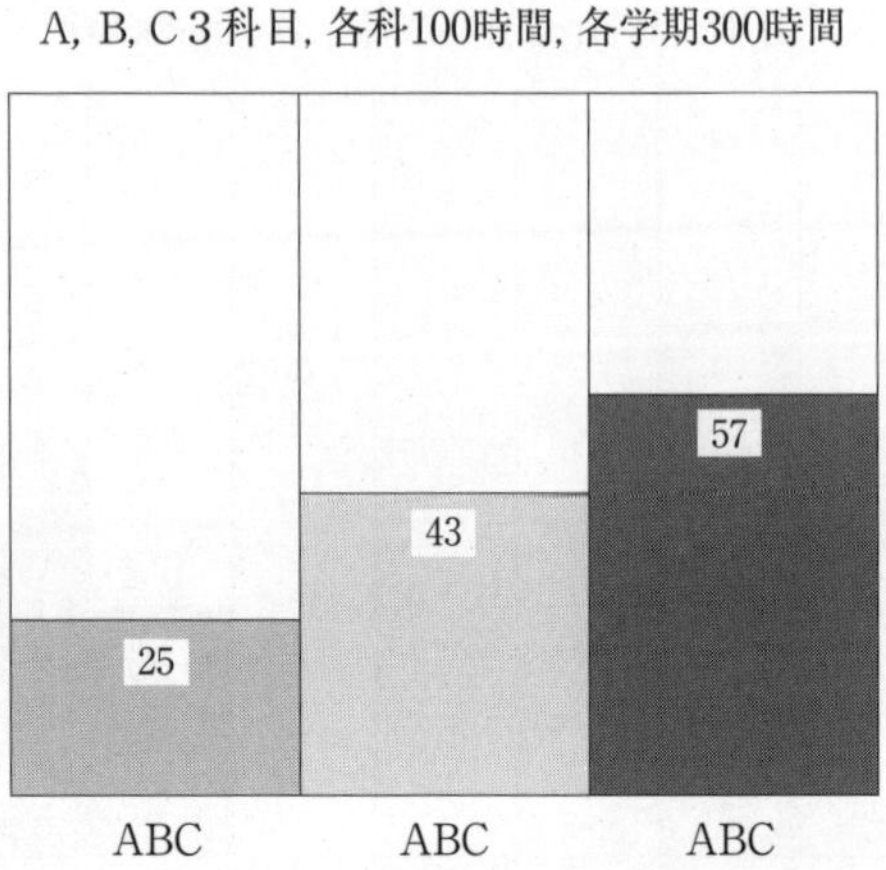

図 35

多くの大学では「多科同時進行方式」のカリキュラムが採用されておりますが、浜松医科大学では「単科積み上げ方式」を提案したのですが、どうしても教授会の同意が得られずに、学長の裁断で二科目ずつの積み上げ方式を採用しました。

一二、効果的多言語習得法

脳内言語機能については、すでに図7で解説しました。以前はウエルニッケ感覚性言語野のすべての領域が母国語に関与していると信じられておりました。ところが、シアトルにあるワシントン州立大学脳神経外科のジョージ・オジェマン（George Ojemann）教授が、難治性てんかん患者の手術に際して、言語中枢の傷害を予防するために術中に電気刺激して各患者の言語中枢を同定しました[9]。その結果判明したことは、ウエルニッケ感覚性言語野のごく小さい部位のみが母国語に関与し、bilingual（アメリカでは英語とスペイン語）の患者ではそれぞれの

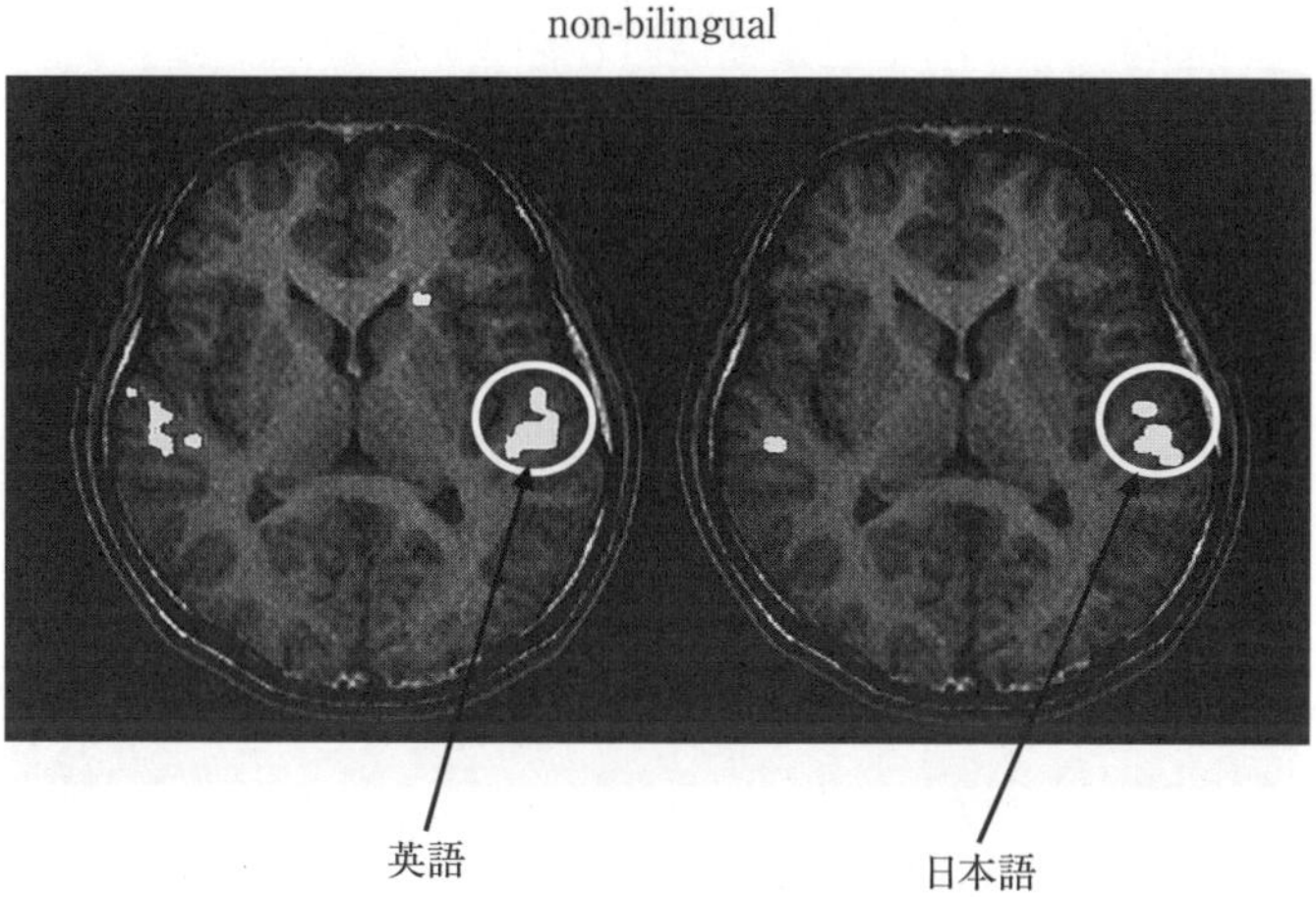

図 36

言語に関与する部位が独立していて、かつお互いに二㎝以上離れていることでした。これは画期的な大発見です。

　浜松医科大学では、ｆＭＲＩ（functional magnetic resonance imaging＝機能的磁気共鳴画像法）を使って言語中枢の部位を検査し、その結果はＮＨＫで放送されました。ｆＭＲＩは、機能している部位の血流が増加する現象を画像化する方法です。図36は、浜松医科大学の医師で医学英語論文の読み書きは堪能ですが、英語圏への留学経験がなく、英会話のできない方の脳です。左右の各画像はウエルニッケ感覚性言語野を通る横断図で各図の右が患者の脳の左側に当たります。左の図は、被検者にＣＮＮの英語ニュースを聴かせた時、右の図はＮＨＫのニュースを聴かせた時に撮像されたものです。英語を聴いている時も日本語を聴いている時も、ウエルニッケ感覚性言語野のまったく同じ部位の血流が増加しております。被

bilingual

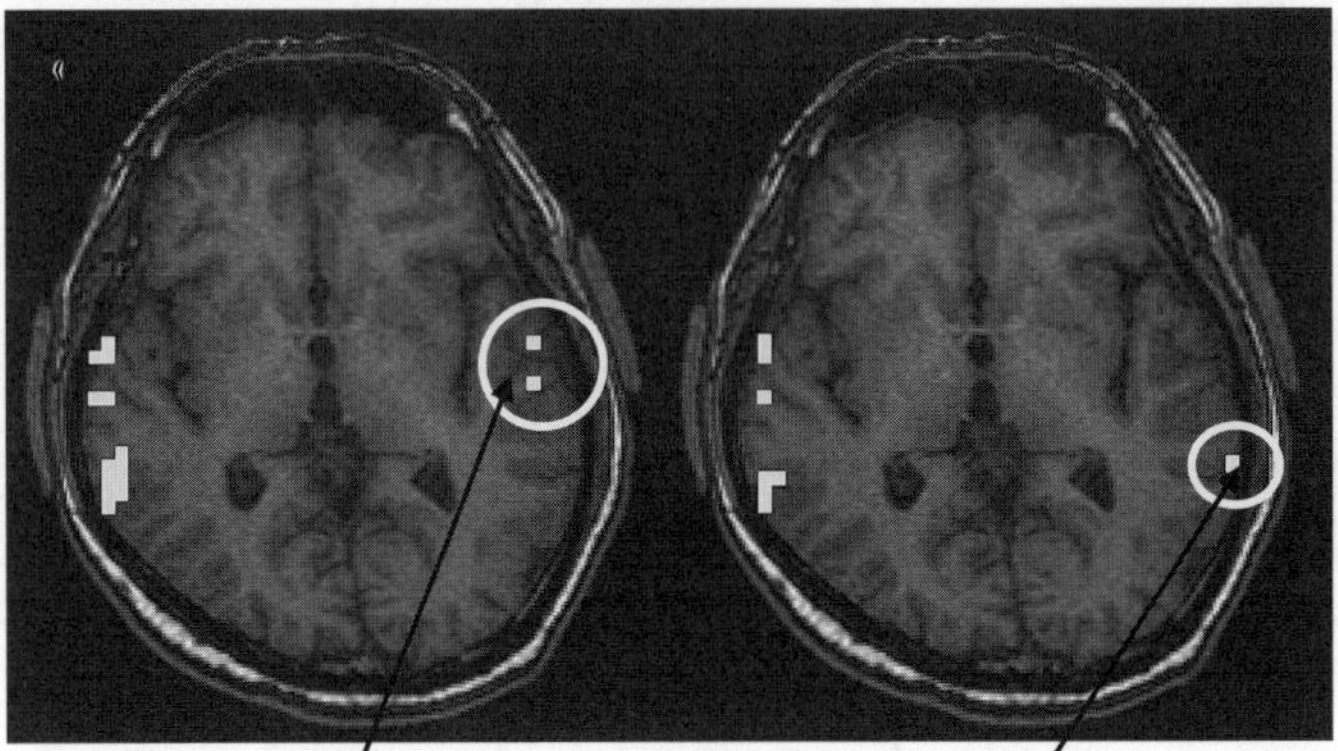

図37

検者は英語は全く理解できておりませんでした。このことは、彼のウエルニッケ感覚性言語野には日本語の中枢しかないので、英語の音声情報がそこに入って来ても理解できない、つまり彼のウエルニッケ感覚性言語野には英語を理解する中枢は存在しないことを証明しています。英文法を主体に、翻訳を通して英語を何十年使っても、聴き取り訓練をしない限り、英語の中枢は独立しないことを示しており、日本における英語教育の失敗の原因が明らかです。

図37は、私の脳の検査ですが、日本語を聴いている時はウエルニッケ感覚性言語野の後方の一部の血流が増加し、英語を聴いている時はウエルニッケ感覚性言語野の前方の一部の血流が増加しています。これを立体的に合成したのが図38です。

私は、三歳より広島市のアメリカ人宣教師の経営する幼稚園に三年間通いましたが、そこの息子が同年齢だったので毎日彼と遊び、私の耳には彼の

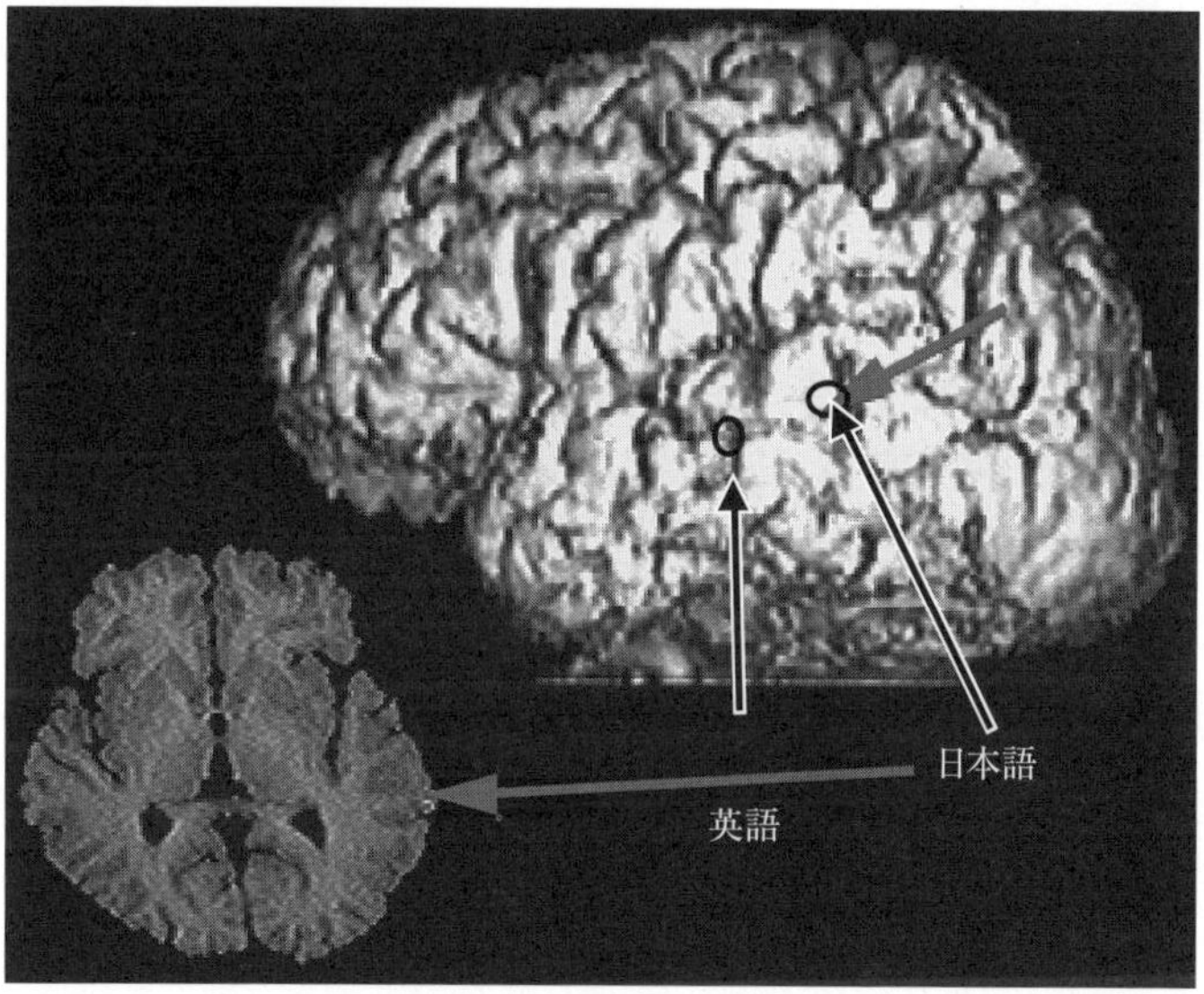

図 38

英語が入ってきていました。小学六年で終戦となり、アメリカ兵から英会話を教わり、中学・高校を通して平川唯一先生のＮＨＫ英会話講座と駐留軍放送を毎日聴いて英語の聴き取り特訓をし、中学二年生からは頻繁に通訳も頼まれて日英語の bilingual となりました。

英語教育で最も大事なことは、学習者のウエルニッケ感覚性言語野に、英語に特有の新しい言語中枢を創設することです。先に挙げた先生のように、四〇年間英語を勉強しても、言語中枢が形成されなければ会話はできません。日本の語学教育の失敗は、言語中枢を独立させないということに尽きるのです。

私は、もちろん日本語、そして英語以外に朝鮮語、トルコ語、中国語、ドイツ語、オランダ語、フランス語、イタリア語、スペイン語、ポルトガル語、ギリシア語、ロシア語、ポーランド語、ブルガリア語、ハンガリー語、フィンランド語を勉強しましたが、すべて各国語の聴き取り特訓を集中的に三ヵ月かけております。実際、私はゴルバチョフ大統領が辞任される寸前にセントペテルスブルグ（旧レニングラード）のパブロフ研究所で三〇分間にわたってロシア語で講演し、その四年後にはポーランドのワルシャワで九〇分間ポーランド語で講演をいたしました。それから、イタリアではタクシー運転手が遠回りしようとしたので、イタリア語で文句を言いました。また、ギリシアに行ったときはギリシア語で、オランダではオランダ語で用を足しました。

これらはすべて、単科集中主義の学習の成果です。ロシアに招待された時、東京の八重洲ブックセンターでエクスプレスのロシア語の本と音声テープを買いました。車にこれをセットし、浜松から愛知医大まで片道一〇〇kmの東名高速を走っている間中聴き取り特訓を続け、三ヵ月で完全に聴き取れるようになり、後の一ヵ月で英語の講演原稿をロシア語に翻訳し、それを丸暗記してロシアに行きました。聴き取り特訓で最も大事なことは、テキストを見ながら音声を聴いてはならないことです。テキストを見ながら聴くと、文字を同時に見ないと聴き取れないという神経回路網が形成されてしまうからです。運転中の聴き取り特訓の最大の利点は、運転中にテキストを見ることができないことです。それで、ひたすら聴くことになります。最初は何もわからないのですが、だんだんと聴き取れるようになってきます。そして私の経験ですと、一〇〇時間経つ頃、音声が全部聴き取れるようになります。旧西ドイツのワイツゼッカー大統領（当時）が、東ベルリンの壁が崩壊する何週間か前にドイツの国会で演説をされました。そのテープを最初聴いた時は何もわかりませんでしたが、それを一〇〇時間聴いたら全部わかるようになりました。わからない単語は、後で辞書を引けば全部わかるようになります。当時、私はワイツゼッカー氏の演説を全部暗記しておりましたが、それが私の外国語学習法です。まず聴いて、真似をして発音すればよいのです。それ以外に日本にいながらの効果的な外国語習得法はありません。

一三、マックマスター方式の Problem-Based Learning

ＰＢＬには、色々なやり方があります。もともとこれを始めたのは、今から五〇年ほど前にカナダに新設されたマックマスター大学医学部（以下、Ｍ大学と略す）です。Ｍ大学では一切講義がありません。教員は学生に課題を与えますが、正解を教えたり、直接指導をしたら、即刻懲戒解雇処分を受けます。私はＭ大学を四回訪問し実際の授業を参観しましたが、四回目に行った時にはすでに六人の教授が懲戒解雇されていました。完全に解答ができるまで自己学習させるのがマックマスター方式です。

東京女子医科大学の吉岡学長（当時）がこの方式を導入しようと私が招聘され、泊り込みでワークショップを指導しました。ところが、日本でまったく講義も実習もない完全なマックマスター方式をやることは文部科学省が認可しませんでしたので、女子医大方式ができました。それも学長の命令で、女子医大のすべてのカリキュラムが抜本的に改革されたので可能になったのです。ところが、私は浜松医科大学の一教授でしたので、私自身が担当する授業は私の自由ですけれども、浜松医科大学全体のカリキュラムを変更できませんので、自分の各コマの九〇分授業のなかでしかＰＢＬが使えなかったのです。これが、一コマ完結型の植村方式というものです。

無期限にＰＢＬを行うのがマックマスター方式です。学生は、Ｍ大学に入学すると五人ずつの小グループに分けられ、それぞれ異なる臨床課題（ある疾患患者のカルテの要約）を与えられます。医学について全く無知でも、高校生程度の知識だけで、たとえば臨床データから糖尿病だと診断したとします。グループごとにチューター（担当教員）が決まっておりますが、チューターはグループと一週間に二回、一回に一時間以上付き合ってはいけないルールになっています。そこで学生たちは図書館に行き、内科の教科書を見て、糖尿病の診断と治療について勉強します。そこでチューターにアポイントを取り、勉強の成果を説明します。チューターは「糖尿病の診断と治療についてはよく勉強したね。ところで人間が砂糖を舐めたらどうなる？」と質問します。学生たちは糖尿病の診断と治療については勉強してきたのですが、糖代謝についてはまったく勉強してこなかったことに気づかされます。ここでチューターが、「来週また会いましょう」と言って終わりになります。そこで学生たちは、図書館に戻って、内科の教科書ではなく生化学の教科書で糖代謝を一生懸命勉強して、またチューターにアポイントを取ることになります。チューターは「糖代謝についてはよく勉強してきたなあ。では、タンパクを食べたらどうなる？」と質問し、学生たちは「これは糖尿病ですからタンパク代謝は関係ありません」と反論しますと、「君たちはよい医師になりたいのか。よい医師になりたいのなら、糖尿病の患者さんがいる以上、世の中にタンパク代謝の異常な患者さんが将来来るかも知れない。だとしたら、ついでにタンパク質の代謝の勉強もしなければならないと思わなければならないだろう。来週また会いましょう」となります。学生たちがタンパク代謝の勉強の成果を発表すると、今度は「脂質の代謝は」「ビタミンは」「電解質は」と次々と課題が追加されて一向に合格させてくれません。気がついたら一〇週間も経ってしまいます。M大学では、一年間に四〇課題をこなさなければ留年という処分を受けます。ここで学生たちは、このような勉強の仕方では到底卒業できないことに気づき、グループ全員が同じ勉強をしては効率が悪いので課題を細分して各自が担当課題を集中的に勉強し、皆で情報交換をしてからチューターの審査を受けるようになります。結果として、すべてのグループが年内に四〇課題をこなすようになります。これがマックマスター方式です。

日本では完全なPBLはできませんので、たとえば全グループの課題が今週は糖尿病と決めておいて、月曜日に症例を提示し、宿題を出して勉強させて、午後は自己学習です。翌日に発表させて、そこで教員が次の宿題を出すということまでしかできません。あとは、全部講義です。これが女子医大方式で、岐阜大学や多くの大学で採用されています。

私のやり方はそうではなくて、最初の一〇分間で課題を出します。そして三〇分間グループ討議をさせて、三〇分間発表させますと、私がコメントする時間は二〇分しかありません。そしたらグループ討議の終わり頃に遅刻して入って来る学生が出てきました。そこで次の授業から最初に八分間のプレテストを行ったところ、遅刻者はいなくなりました。また、最後に学生から振返りを取り、これを出さないとプレテストを〇点にすることにしましたら、途中で抜ける学生もいなくなりました。この授業方式ですと、予習をすればするほどにグループ討議が弾みます。しかし、プレテストを採点しても一向に点数が上がりませんでした。そこでプレテストの平均点が六〇点を超えたら定期試験を免除すると言った直後から平均点が八〇点前後に上昇し、六〇点以下で期末試験に廻される学生はわずか三％に激減しました。

一方的な講義をしている授業では、三割の学生が居眠りしたり隣の学生と私語をしていましたが、私の授業では全員活発な討議に参加しておりました。こういう自由型の討議方式の場合、学生のペースで授業は進みますので、私は討議中は教授室でコーヒーを飲んでいます。こういう方式ですと、学生の学習意欲が高まり創造性が育成されます。一斉進行型の女子医大方式では、教員の負担が大きいとの反論があると聞きますが、たった一人の教員で進める植村方式では教員の負担は全くありません。ＰＢＬ方式では、教員は二〇分しか講義する時間はなく、教員の欲求不満は残りますが、学生の学習効果は極めて大きくなります。これに対して講義形式では、教員は必要な事項は十分に説明したという自己満足にはなりますが、学生の長期記憶にほとんど残らないという結果に終わります。教育は教員のためではなく、学生のためのものであることを忘れてはなりません。

一四、おわりに

最後に、創造性の教育と育児については、幼稚園時代には右脳の拡散型思考能力を開発しなければなりません。いわゆる教育ママが、小学校で教えるべき左脳の集中型思考能力の開発に精を出すことは極めて危険です。さらに、高校時代に開発されるべき拡散型思考能力が大学受験で妨害されているのは極めて遺憾です。それで、日本人はノーベル賞がもらえないのだという話になります。

引用文献

（1）Uemura, K., Clinical neurophysiology for memory and intelligence. *Jpn J Neuropsychol*, 12: 11–29, 1996.
（2）植村研一『脳を守り活かす—脳卒中・ボケの予防と脳の改造—』静岡新聞社、一九九七年
（3）植村研一『効果的な情意教育の展開』じほう、二〇〇〇年
（4）植村研一『脳の仕組みからみた高次大脳機能(1)—認知・表出の仕組みを中心に—』理療三七：五四－六三、二〇〇七年
（5）植村研一『脳の仕組みからみた高次大脳機能(2)—記憶・学習・可塑性とリハビリテーション—』理療三七：七七－八四、二〇〇七年
（6）Uemura, K., Effective teaching of medical English with a Problem-Based Learning technique in a large class. *J Med Eng Educ* 6(2): 188–193, 2007.
（7）植村研一『脳の仕組みからみた英語教育』エデック、二〇〇八年
（8）本庄巌編『脳からみた言語：脳機能画像による医学的アプローチ』中山書店、一九九七年
（9）Ojemann, G. A., Whitaker, H. A., The bilingual brain. *Arch Neuol* 35: 409–412, 1978.

ビジュアル教材の可能性

早稲田大学教育・総合科学学術院　教授　町田　守弘

一、はじめに

早稲田大学教育総合研究所の十周年という記念すべき機会にお話をする機会をいただきまして、たいへん光栄に思っております。ただし、「脳科学はどう教育に活かせるか」というテーマに関しては、いま私自身が専攻しているのは国語教育という分野なので、脳科学には興味・関心はあるのですけれども、専門的な知見をもっているわけではありません。コーディネーターの坂爪先生にご相談をいたしましたところ、専門とする領域の話題でお話をしてくださいということでしたので、どうかお許しください。今回は、脳科学に専門的に取り組んでいらっしゃる先生方からのお話もありますので、専門の先生方からのフォローを期待いたしつつ、私の専門領域の話題でお話をさせていただこうと思います。

国語教育の分野でも、脳科学には大いに関心がもたれていることは事実です。たとえば、文化審議会の国語分科会においても脳科学の話題が出ておりますし、脳科学の知見に基づく国語教育の文献も出ております。身近なところでは、音読や朗読が脳の活性化につながるのではないかということで話題を呼びました。さらに、書くことに関して、『えんぴつで奥の細道』（ポプラ社、二〇〇六年）のような鉛筆で書いて読むというシリーズが話題になり、ゲームソフトにもなっております。そのような身近な場所においても、国語教育と脳科学との関連を考えることはできると思います。

二、なぜビジュアル教材について考えるのか

最初に、結論めいたことからお話をさせていただきます。植村先生がお話しになったことと関連いたしますが、私が今日申し上げたいのは次のようなことです。すなわち私は、「ビジュアル教材」というのは静止画像を含めた映像教材ということですけれども、それは学習者の興味・関心を喚起することを最大の目的とし、また言葉の活動にとり入れることによって、国語科の学力育成に資するものであると考えております。植村先生のご講演にも右脳の学習、あるいは視聴覚教育の話題が出ていましたが、それを聞いて、私自身が小・中・高等学校の現場経験で漠然と考えていたことを確認できたような気がいたします。

なぜビジュアル教材について考えるのかという私の問題意識の発端は、一九九〇年代の終盤から二〇〇〇年代の初めにあります。そのころ東京大学の佐藤学先生という有名な教育学者が、子どもたちの「『学び』からの逃走」という問題を提起して話題になりました。佐藤先生の言説を要約するならば、学習時間や読書の時間の減少等の具体的なデータを読み解くなかから、今日の学習者、つまり子どもたちが「学び」から逃走しているという強いメッセージの発信でした。

確かに、この「学び」からの逃走という事実は確認されたわけですけれども、大切なことは、

それをどうしたらよいのか、教育を担当する立場として、逃走した学習者をいったいどうすればよいのかということだと思います。このことを考えるとき、比喩的にいえば、逃げていった子どもたちの手を引っ張って、学びに戻せばいいのではないかという考え方がまず出てくるところでしょう。ただし、無理に連れ戻して強制的な学びを与えても、植村先生のお話を聞いてもわかりますように、十分な効果が期待できないことは自明であります。そこで私が考えたのは、学習者がどこに逃走したのかということをよく見極めながら、その逃走した場所に新たな「学び」を立ち上げることができないだろうか、ということでした。私はこのような問題意識に基づいて、さまざまなことを考えてまいりました。

三、「見ること」の言語活動

私の研究室に在籍する院生の皆さんにも協力を頼みまして、三回にわたって中・高校生を中心とした学習者についての教育現場の実態調査を実施してまいりました。その第一回目の調査、すなわち二〇〇三年から二〇〇四年にかけて実施した高校生を中心としたアンケート調査において、次のような質問をいたしました。それは、新しい情報や知りたいことをとり入れるために、最も多く使う手段を一つ選びなさいというものです。選択肢にはテレビやラジオや新聞、雑誌、本、インターネットなどの選択肢を掲げたのですが、高校生が新しい情報をとり入れるために多く使うメディアとして、テレビとインターネットが非常に多く挙がりました。それらは、合わせて全体の七一・八%にも及んでいました。かつて心理学者の福島章氏が、若い世代の特徴を「イメージ世代」という言葉で把握して、活字世代との棲み分けを強調しておりました。まさに、その「イメージ世代」という言葉に象徴されているように、現在の子どもたちは生まれたときから映像情報に囲まれて育っております。したがって、テレビやインターネットなどからさまざまな情報を得て、自分たちの生活にとり込んでいるということも想像に難くありません。

また、別の質問では、マンガ・コミックについて取り上げました。マンガ・コミックをどのくらいの割合で読んでいるかという質問に対して、一週間のうちに九五％以上もの学習者が何らかのかたちでマンガに接しているということがわかりました。いま紹介したのは一例にすぎませんが、実態調査の結果から、子どもたちは映像の世界、あるいは音楽、ゲームなど、大きくサブカルチャーとして括れるような領域に、自分たちの居場所を見いだしているのではないかと考えられるわけです。だとすると、そういうものを使って新たな「学び」を立ち上げることができるのではないでしょうか。私はこのような観点から、教材開発や授業開発を考えております。

二〇〇八年三月に、小・中学校の学習指導要領が公示されたことはご承知の通りですが、今回の改訂に関しましてはＯＥＣＤのＰＩＳＡ調査の結果を受けた、「ＰＩＳＡ型読解力」の低下が非常に大きな問題として取り上げられました。新しい学習指導要領には、ＰＩＳＡ調査でいうところの「非連続型テキスト」、つまり文字ではない図や表が明確に教材として位置づけられるようになっております。そのような昨今の情勢に加えまして、国語教育学者のなかでも、「メディア・リテラシー」の考え方に注目が集まっておりまして、「見ること」を国語教育の課題として考えるという傾向が生じています。

たとえば、『国語教育指導用語辞典・第三版』（教育出版、二〇〇四年）のなかに「国語教育・国語科教育」という項目がありまして、これは本学に二〇〇八年三月までおられました浜本純逸先生が執筆されていますが、浜本先生が言語活動として、「聞く、話す、読む、書く」だけではなく、その前に「見る」という活動を位置づけているところは、大いに注目すべきことではないかと思っております。こうした動向は、学会誌などを参照しても同様です。日本国語教育学会で発行する『月刊国語教育研究』（二〇〇四年三月）の【問題提起】で、信州大学の藤森裕治先生は次のようなことを述べておられます。

国語科では、一九七〇年代以前から映像を『よむ』行為に対する実践や研究が示されている。海外では、すでにViewing（見ること）を国語科に組み込んだ教育課程が実施されている。（中略）こうした状況を勘案すると、これからの国語科には第四の言語活動として、「みること」が定位されねばならない。

海外の国語科のなかには、「見ること」がすでに組み込まれておりますが、こういった状況を勘案すると、これからの国語科には、第四の言語活動として「見ること」が位置づけられなければならないと考えるわけです。実際、国語教育においてもメディア・リテラシー、さらにビジュアル・リテラシー、マルチリテラシーズなどについての研究が増えてきているのも、注目すべき事実ではないかと思っております。

四、ビジュアル教材で育成する「言語化能力」

実は今日は、言葉で説明するよりも実際に「こういう映像、このようなものを、実際にビジュアル教材として使用することができる」というかたちで、具体的にお示ししたほうがわかりやすいかと思うのですが、今日では著作権の問題が深刻なために、実際の映像を紹介することはできません。そこで、その活用の方向性についてお話しさせていただくという形式をとろうと思います。これはまた位相の異なる問題ではありますが、映像を教材化する際に今後著作権の問題を慎重に扱う必要があると考えております。

さて、国語教育において、どのようにビジュアル教材を使うことができるだろうかということを考えたときに、大きく分けると二つの方向があると思っております。その一つが、補助教材としての方向です。映像は、主教材・本教材としてよりはむしろ補助教材として使われることが多いのではないでしょうか。たとえば、古典の授業で『平家物語』の装束などを扱うときに、いくら言葉で説明してもよく理解できないけれども、写真や図版で見ることによってその教材の理解が深まるというような、補助教材としての活用がこれまでは主流でした。

いま一つ、学習者の興味・関心を引き出すという目的で、本教材・主教材としての活用を考えなければなりません。私が今日提案させていただこうとしているのは、実はこの目的を生かした方向です。今後この目的を達成するために、補助教材としてではなく映像そのものを国語科の主教材、本教材として扱うことを検討するべきではないでしょうか。むしろそのような方向を、われわれ国語科の担当者は積極的に開拓していくことができると考えております。つまり補助教材としての位置に安住させるのではなく、本教材・主教材としての方向性を積極的に開拓するということです。そこに、まさに提案のテーマである「ビジュアル教材の可能性」があるのではないか、と思っています。

続いて、ビジュアル教材によって、国語科のどのような学力を育成することができるのかという問題を考えなければなりません。この問題に関しては、浜本純逸先生の「言語化能力」に関する主張を参照することができるように思われます。『国語科教育論』（溪水社、一九九六年）において、浜本先生は次のように述べています。

これからの国語科教育は、言語体系・言語生活・言語文化を生み出していく根底にある言語化能力に働きかけ、その能力を活性化し、より強力化していくことを目標とすべきであるということになろう。

先生は、このようなメッセージを発信した後、次にどうしたらよいのかということについても言及しておられます。それはすなわち次のような方法です。

それは、言葉の生まれる場に学習者を立たせ、言語化能力を目覚めさせ、豊かにしていくことであろう。

さらに具体的には「絵画・写真・テレビ・ビデオなどの映像を言葉化する表現活動をさせること」によって、言語化能力を育成することができる、と述べているのです。私は、それがビジュアル教材を考えるうえでの一つのあり方、ポイントになってくるのではないかと考えております。

五、ビジュアル教材を用いた授業の実際

では、具体的に授業のなかでどのような扱いによって、映像、ビジュアル教材を実践的に活用

することができるのでしょうか。さまざまな事例、実践例を紹介したいのですが、ここでは二つの例についてのみ紹介させていただきたいと思います。一つは静止画像としての写真、絵を扱う事例です。もう一つは、動画としての映像を用いるものです。その二つのビジュアル教材の具体的な授業内容について紹介したいと思います。なお、これは二つとも、私自身が高校の現場で実際に実践をした授業事例であります。

参考資料として《資料一》に、私が授業の際に用意して学習者に配布するレジュメの実物を紹介しました。私は、毎回このような資料を用意して授業に臨むようにしています。まず私が「研究の手引き」と名づけたものでございますけれども、これは「その時間で何を学ぶのか」という、授業のレジュメに相当するものです。「研究の手引き」に即して授業を進めております。教材に相当するものは「研究資料」というプリントにまとめて示す、あるいはコピーを貼りつけるかたちで配布します。そして《資料二》に紹介した「授業レポート」、いわゆるワークシートがあります。これは、学習者全員に配布をいたします。「研究の手引き」に即して授業を進め、「研究資料」を参照しながら、学習者は「授業レポート」に学んだことや考えたことをまとめて書く、そのことによって学びを成立させることを目指すことになります。授業の終了後に「授業レポート」を毎時間回収し、点検して、簡単なコメントを入れて次の時間に返却をするという試みを長く続けております。これは資料をご参照いただければおわかりのように、いま担当している大学の授業でも続けている実践です。先ほど植村先生から、講義はするなというお話がございましたが、私はあまり講義はしたくないと思っていたので安心しました。講義の代わりに、いまお示ししたようなレジュメやワークシートを用いて授業を展開しております。

その映像教材の実物をここでお示しすることはできませんが、「研究の手引き」をご覧いただきますと、大体どのような映像であるかはおわかりいただけるかと思います。その授業で紹介したのは、佐藤雅彦さんという方の仕事です。電通のCMプランナーからスタートした、非常に優れたクリエイターですが、慶應大学、そして東京芸術大学大学院の教授としてご活躍の方です。その佐藤さんの『プチ哲学』（マガジンハウス、二〇〇〇年）という本があります。佐藤さんのイラストと、それに基づくさまざまなメッセージが織り込まれた面白い本です。見開き二ページで完結する短いトピックになっています。

そこから二つのトピックスを選んで教材化しました。一つめは「二匹の小魚」というトピックでして、これは単純に絵が二つ描いてあるものです。一方の絵は、ただ二匹の小魚が向き合っているというシンプルな絵です。オスとメスの魚が愛し合っていて、広い海のなかで、大好きな君に出会えて幸せだというようなメッセージが発信されています。もう片方の絵には、同じ二匹の小魚が向き合うところに水槽のようなものが描いてあるものです。つまり、小魚が捕らえられてしまって、狭い水槽に入れられてしまったという状況になります。でも、大好きな君といつも一緒にいられてなんて幸せなんだろう、私もなんて幸せなんでしょうということで、二匹の小魚はまったく同じような幸せをお互いに確認するということですが、ポイントはそこからどういう「哲学」が導き出されるかということです。『プチ哲学』では「不変」というメッセージが導き出されます。授業では、それについてさらにいろいろと考えていきます。

一〇コマのマンガをもとにした「中身当てクイズ」というトピックも、とても面白いと思っています。これはコーヒーカップについての謎、すなわち「クイズ」が描いてあるものです。まずそのクイズを解くという活動から始めます。それからクイズからさらに発展して、「情報がない、という情報」というメッセージの話題に移ります。このような佐藤さんの「プチ哲学」のイラスト、漫画を使った授業というものが構想できるのではないかと考えました。佐藤さんのものは非常に面白いものですから、私が編集するある社の「現代文」の教材として、教科書に採り入れたという経緯もございます。

いま紹介したような授業形式ですと、短い時間で扱うことができます。表現の学習を中心として、短い時間のなかで話す、聞く、書く、読むという活動をすべて含むことができます。そして、先ほどの植村先生のご講演で話題になりましたが、グループ学習という形態を導入して授業をすることもできます。表現課題のなかに謎解きの面白さも含められ、映像、マンガ、イラストから読み取れる情報を整理し、表現するという活動を通して国語科の学びにつなげることができるのではないか。こういうふうに考えたわけです。

続けて、今度は映像教材についてご紹介いたします。映像に関しては、学習者がよく好んで見ている宮崎駿氏のアニメーションを扱って、授業を構成していくことができるのではないかと考えました。今回取り上げるのは少し古い映像ですけれども、角野栄子さん原作で宮崎監督がアニメーション映画として制作した『魔女の宅急便』のなかの短いシーンです。主人公のキキという少女が黒猫のジジと一緒にホウキで空を飛んで、初めてコリコの町を訪れる場面ですが、これを授業中に紹介して、そこから言葉を引き出すという課題に学習者に取り組ませました。映像に出てくる言葉はもちろん、映像から連想し想像した言葉も合わせて「授業レポート」に書かせます。まず「単語」を書かせる。それからその単語を合わせて使用して文を作り、さらにその文をつなげて一つの詩のような短い表現を創作させます。そして、その作品をお互いに朗読することによって共有していきます。映像教材から学習者が言葉を引き出して詩を創作し、それをグループやクラスで共有するなかで、言葉の世界が広がっていくということ。そこにひとつの国語、言葉の学びがあるのではないかと考えて実践を行ったわけです。なお、朗読の際には、『魔女の宅急便』のBGMを流して、雰囲気を盛り上げることにしました。

このように、アニメーションの映像から言葉を引き出し、それを用いた創作を楽しむことで、学習者の言葉の世界は広がります。この活動は、先にふれた「言語化能力」の育成にもつなげて考えることができるでしょう。

六、おわりに

静止画像、動画などのビジュアル教材を国語科教育の主教材、本教材として扱うことで、言葉の学習に結びつけていく可能性について、実際の例をもとに報告させていただきました。私は、国語科教育のなかにビジュアル教材をとり入れていく余地は今後大いにあり、また意味があることだと思っております。

最初に申し上げましたように、私は脳科学に対する専門的な知見をもっているわけではありません。自分の実践の経験、あるいは国語教育のさまざまな研究のうえに立って、こんなことも脳科学の今日の話題に何らかの接点をもって考えることができるのではないかという、ひとつの提案をさせていただいた次第です。ぜひ脳科学のご専門の先生方に、いまご提案申し上げたようなビジュアル教材の可能性、これに脳科学の分野からぜひ光を当てていただいて、提案の裏づけのようなものにつながるような方向をご教示いただければたいへんありがたいと思います。今回の報告は、日頃私が考えていることの一端でございますけれども、この提案が脳科学の研究テーマにつながっていくことを期待いたしまして、私の提案を終わらせていただきます。

引用文献

大迫閑歩書・伊藤　洋監修『えんぴつで奥の細道』ポプラ社、二〇〇六年
佐藤　学『「学び」から逃走する子どもたち』岩波書店、二〇〇〇年
田近洵一・井上尚美編『国語教育指導用語辞典・第三版』教育出版、二〇〇四年
藤森裕治「第四の言語活動『みること』―批判力を育てるメディア・リテラシーの行方」日本国語教育学会『月刊国語教育研究』二〇〇四年三月
浜本純逸『国語科教育論』溪水社、一九九六年
佐藤雅彦『プチ哲学』マガジンハウス、二〇〇〇年

《資料１》 大学の授業で用いた「研究の手引き」の実例

’09・早大　国語表現論Ｂ　研究の手引き　No. 2－2：2009年4月17日

◆本日の研究テーマ（2）：想像力＝創造力を用いた表現－佐藤雅彦から学ぶ

1　本年度の前期授業では，身近な場所から様々な表現の現実を紹介することに主眼を置く。まず今回は，身近な表現として漫画（イラスト）による表現を取り上げる。

2　今回紹介する表現者は佐藤雅彦氏である。佐藤氏は1954年生まれ，東大卒のクリエーターで，電通を経て独立，そして現在は東京藝術大学大学院映像研究科メディア映像専攻教授，慶応義塾大学環境情報学部客員教授。優れたCMプランナーとしての仕事はあまりにも有名である。ゲームソフト「IQ」のプロデュースや「だんご三兄弟」の作詞など，幅広くクリエーターとして活躍している。SFCの「佐藤雅彦研究室」の活躍は，NHKの「ピタゴラスイッチ」その他であまりにも有名である。そんな佐藤氏の『プチ哲学』（マガジンハウス，2000）の中からあるトピックスを紹介しよう。「研究資料No. 2－1」には「中身当てクイズ」が紹介されている。10コマの漫画（イラスト）をよく読んで，左下に掲げられた「クイズ」の回答と，そのように判断した理由について，簡潔に説明してほしい。

3　このトピックスのテーマは「情報がない，という情報」である。後の解説文を読むと，その意味するところが理解できるが，「回答」に相当する箇所を一部省略してある。ところで，わたくしたちの身近な場所にこれぞ「情報がない，という情報」というエピソードはないものだろうか。その具体例を一つ考えてみよう。

（中略）

7　続けて「研究資料2－3」の『毎月新聞』（毎日新聞社，2003(3)）を読んでいただきたい。佐藤雅彦氏が大学の研究会で出題した「垂直または水平な直線だけを使って何かを表現しなさい」という課題が紹介されている。時間は五分ということだが，まずサンプルとして，学生が考えた回答を先にチェックしておこう。図－③から見てみたい。この不規則な縦線の羅列は何を表現したものだろうか？　説明を読んで，その回答を把握してほしい。

8　そこで，戻って図－①と図－②について考えてみよう。あえて解説の箇所を消してあるので，（　①　）と（　②　）に相当する説明を想像していただきたい。

9　以上を参考にして，受講者の皆さん自身の回答をぜひ示していただきたい。考えたことについて，席の近くの人同士でできれば相互評価を試みるとよい。ところで，このトピックスのテーマは「たのしい制約」であった。佐藤氏の言う「たのしい制約」の意味するところは理解できただろうか。

◆次回の予定

引き続き佐藤雅彦氏の表現を用いて，国語表現の授業構想を考える。

《資料２》 大学の授業で用いた「授業レポート」の実例

'09・早大　国語表現論Ｂ　授業レポート　No. 2：2009年４月17日
◇《　遅刻　》(遅刻した場合○印)　　◇レポートの返却《　要　；　不要　》
教育学部（　　　　　　　）学科（　　）年
出席番号［　　　］・No.（　　　　　　　）【　　　　　　　　】

1　「中身当てクイズ」の回答とそのように判断した理由。

＊回答

＊判断の根拠

2　「情報がない，という情報」の具体例。

3　「ビジネスマンロバートのグッドアイディア」の中身について。

4　「とんでもない学校」である理由について。

5　「とんでもない学校」を自由に創作してみよう。

＊　日　常＝

＊　非日常＝

（中略）

◆本日のひとことメモ（この欄には自由にいろいろなコメントを書いてください）

担当者印：＿＿＿＿＿＿

発達障害への神経心理学的教育

早稲田大学教育・総合科学学術院　教授　坂爪　一幸

一、はじめに

私は、「発達障害への神経心理学的教育」という題名で、先ほどの植村先生による基調講演を受けて、発達障害への教育（特別支援教育）に脳科学をどうつなげていくのか、ということについてお話ししたいと思います。

今日、脳科学に関する話は、いろいろなところで流行しています。脳科学をテーマにしたテレビ番組、脳科学の話題を扱った雑誌、脳科学の知見を取り入れた本などをたくさん見かけます。教育の関係者も同じように、教育の方法や教材の工夫の根拠を脳科学に求める傾向が目立って多くなっています。これらのなかには、脳科学の研究成果を根拠なく拡大解釈しているものや、客観的な証拠が確立されていないものなども少なからず見受けられます。そのため、やみくもに流行に飛びついて無批判に受け入れるのでなく、慎重さと注意が必要です。率直にいえば、現在の脳科学の研究成果をそのまま教育につなげることはできません。教育に活用するためには、何が必要かを見極めておくことが重要です。ここでの話が、そのようなきっかけになれば幸いです。

二、脳の研究について

脳科学は、基本的には「脳」を研究の対象にしています。脳の研究は構造（作り）の研究と機能（働き）の研究に分けることができると思います。もちろん、これらの研究は表裏一体の関係にあります。脳の構造の研究に関しては、次のことが明らかにされてきました。脳を構成している最小単位は神経細胞です。神経細胞同士は、シナプスという隙間をもってつながっています。その神経細胞がつながって神経回路を作ります。そして、特定の情報を処理する神経回路が集まってコラム（機能円柱）と呼ばれる構造が作り上げられます。さらに、特定の情報を処理する大きなまとまりの神経構造として、特定の機能を営む中枢（領域・領野）が形成されます。これは、脳機能の局在性といわれています。また、左右大脳半球の働きに違いがあることは、機能の側性化と呼ばれています。現在、ＣＴやＭＲＩなどの構造的脳画像の技術が非常に進んでいますので、それらの画像から神経細胞が集合した構造の違いを確認できるようになっています。

脳の機能の研究に関しては、神経細胞の生理機能である活動電位や、神経細胞同士のつながり（連絡）を仲介する神経伝達物質についての研究が行われてきました。神経細胞が集まったマクロな生理機能として、脳波や事象関連電位が研究されてきました。また、ｆＭＲＩやＰＥＴやＮＩＲＳなどの機能的脳画像の研究も現在は大変進歩しています。ある特定の課題の実行時に、脳のどこの領域が活動しているのかということを、血流や代謝活動を手がかりにして確認できる時代になっています。これらから、前述のような脳領域と脳機能との関係がより詳細に解明されつつあります。

以上は、「脳」自体についての科学的な研究です。教育、特に現場の教師の立場を考えたとき、教師は、「脳」自体を教育の直接的な対象にしているわけではありません。ここでは、脳に生じた問題が原因である発達障害のある子どもへの教育を例にして、この問題を考えてみたいと思います。それでは、これらの脳科学の知見は、発達障害のある子どもへの教育ということではどうつながるのでしょうか。以下では、自閉性障害を例にして脳科学と教育とを関連づけて、脳科学は教育にどう活かせるかをみていきたいと思います。

三、自閉性障害とその生物学的基礎

皆さんご存じのように、自閉症を歴史的に初めて学術的に記載したのはアメリカの精神科医のレオ・カナー（Kanner, Leo）先生で、一九四三年でした。同じ自閉性の問題をもっていても、知的に優れていて、対人関係がうまくできない人がいます。今日、アスペルガー症候群と呼ばれている臨床像を最初に記載したのは、オーストリアの小児科医のハンス・アスペルガー（Asperger, Hans）先生で、一九四四年でした。

カナー先生は当初から、「自閉症は他者との情緒的接触を形成する能力の生得的な障害」ということを記載されていました。ここには、自閉性障害が一体どういうものなのかということを問いかける二つの本質的な問題が提示されていました。つまり、自閉性障害は「情緒的接触の形成能力」の障害であり、また「生得的な障害」だという点です。つまり今日でいうところの、自閉性障害は「社会性領域の障害」であるということと、「発達性の障害」であるということをすでに喝破していたように思えます。しかしその後、その原因が何かということに関しては、心理的な障害（心因性の問題）なのか、あるいは生物学的な障害なのかということで、議論がしばらく続きました。現在では、自閉性障害は多くの証拠から脳に何らかの問題があって起きてくる、生物学的な基盤のある障害だということがわかっています。その生物学的な障害ということの根拠は、神経心理学的な研究、脳の画像研究、精神生理学的な研究、そして神経生理学的な研究を通じて確認されています。本日は時間の関係上、これらについて細かく紹介することはできませんが、自閉性障害についてこれまでの研究から、生物学的な障害が裏づけられてきたという点を押さえていただければと思います。

四、自閉性障害と脳科学

それでは、自閉性障害のある人の脳はどうなっているのかというと、まだ研究の途上にあると申し上げるべきなのですが、次のような指摘があります。

脳の構造研究から、脳の神経細胞は網の目のように連絡しあっていますが、その神経細胞同士の結合が不十分なのではないかという指摘があります。あるいは、先ほど植村先生のお話のなかに、可塑性、つまり神経細胞のつながりの柔軟さのお話が出てきましたけれども、その神経細胞同士の連絡が誤って形成されてしまったのではないかという指摘もあります。また、肉眼的にみたときに、自閉性障害のある子どもの脳は、健常な子どもの脳と比べて少し大きいのではないかという指摘もあります。その大きいことの原因としては、神経細胞の増殖が非常に過多で、また神経細胞の自然なプログラム死に失敗してしまうのではないか、あるいは可塑性に富んでいる神経連絡について、通常は使われない神経回路は刈り込み（剪定）が行われて適切に調整されるのですが、自閉症の場合それがうまく起きていないのではないか、などがいわれています。ほかにも、小脳の大きさの低形成や過形成が関係しているのではないか、また側脳室が拡大していることから側頭葉や扁桃体の構造に何か問題があるのではないか、などが指摘されています。

脳の機能画像の研究からは、イメージ（想像）する活動の際に血流が増加する脳領域がありますが、自閉性障害のある人はこの脳領域の活動が低いのではないかと考えられています。あるいは、人の心に同調する働き、つまり共感する、人の心を推測する、心を読むといったときには側頭葉や前頭葉の内側面の領域が活動しますが、自閉性障害のある人の場合には、それらの脳領域の活動も少し低いのではないかということが指摘されています。ほかにも、表情認知に関連する側頭・後頭葉領域の活動が低い、また情動処理に関係する扁桃体領域の活動が低いなどの指摘もあります。

五、教育と脳科学の共通項：「心」のモデル

では、これらの脳科学の研究の知見と教育がどう関係するのか、また脳科学は教育にどう活かせるのでしょうか。言い換えれば、脳の構造研究や機能研究と教育、これらをどうつなげるのか、あるいはつながるのか。これらの点がきちんと整理整頓されていないと、脳科学を教育に活かすということは非常に難しいと思います。

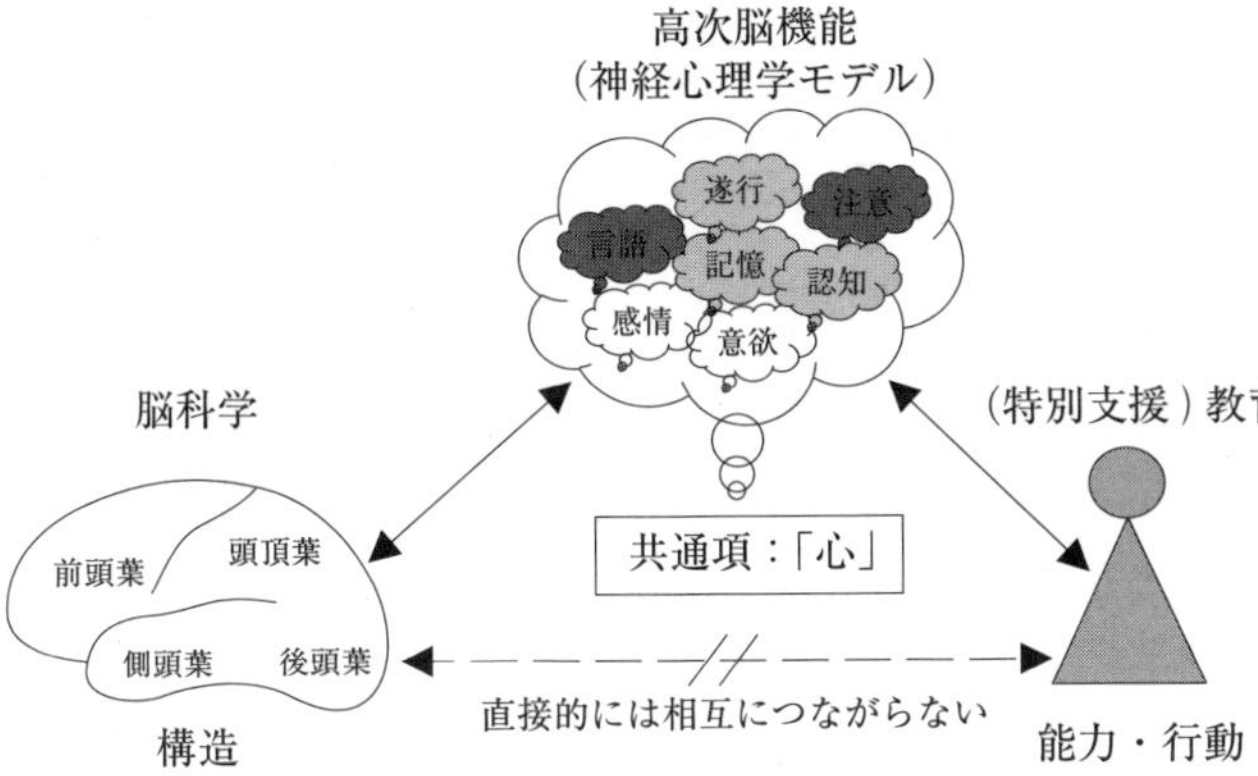

図1　脳科学と教育をつなぐ「心」の神経心理学モデル

教育と脳科学とをつなぐためには、お互いの共通項が何かなければなりません。ではその共通項を何にするのかということになりますが、「心」になるのではないかと思います。これは「人間」としてもらってもかまいませんが、ここでは「心」と表現しておきます(図1参照)。

教育とは、「心」の形成を目標にする営みであると思います。それに対して脳科学は、「心」を理解するモデル、つまり脳の構造と機能の研究から、「心」を理解するための脳神経モデルを組み立てていく研究分野であるといえます。つまり、両者は「心」を共通項にしてつなげることができると考えられます。

ここで教育の側からのモデル、つまり「心」を教育するモデルについていくつかを簡単に提示しておきたいと思います。たとえば、「心」の発達モデルがあります。何歳になったらこういうことができるようになる、というものです。このような認知の発達や知能の発達の行程(マイル・ストーン)は、すでにかなり明らかにされています。教育がそれにしたがってカリキュラムや指導方法を考えるということは、従来から伝統的に、あるいは経験的に行われてきています。ただし、発達モデルは必ずしも、脳科学と密接に関連づけられてはいません。今後関連づけが進んでいくのではないかと思います。

また、「心」を情報処理という観点から考えて、どのように情報が入力され、処理・変換され、貯蔵され、そして出力されるかという認知（コンピュータ）モデルがあります。これもすでに、教育とつなげてある程度は論じられていますが、教育に十分活かされているとはなかなかいえない状況にあると思います。最近では、脳科学と認知科学が融合して認知脳科学や認知神経科学という領域が生まれていますが、教育との関係はまだまだ未開拓な状況にあるといってよいと思います。脳科学との関係でいえば、認知脳科学や認知神経科学は、後述する神経心理学モデルと基本的な考え方は共通しています。

さらに、行動心理学のモデルがあります。行動の変容、すなわち行動の形成や消去などを考えるモデルです。子ども（人間）の行動を変えることに視点をおいたもので、従来からオペラント心理学に代表されるモデルであり、行動療法や応用行動分析として展開しています。行動心理学のモデルはその成り立ち（行動主義心理学：「心」をブラック・ボックスとして扱い、直接の研究対象から除外）からいっても、脳について考えるという立場は採用してこなかったモデルです。そのため、行動心理学モデルと脳科学とのつながりは基本的にはありません。

六、「心」の神経心理学モデル

それでは、脳科学と教育の共通項である「心」を相互につなげて活かせるようなモデルとは、一体何だろうかということになります。先ほどの植村先生のお話のなかにも出てきましたけれども、現在、少なくとも臨床的に使える、また教育に活用できるモデルということを考えると、それはおそらく神経心理学モデルになるのではないかと思います。

では、神経心理学モデルとはどのようなものなのでしょうか。ごく簡潔に説明したいと思います。脳損傷の患者さんの示す症状（神経心理学的症状・高次脳機能障害）の解析研究、つまり脳のどこに損傷を負ったら、脳のどういう働きがうまくいかなくなるか、こういう研究の知見が一九世紀後半のフランスの外科医で人類学者のブローカ（Broca, Paul）による失語症、現在でいうブローカ失語の発見以来、数多く蓄積されてきました。これらの臨床的な知見に基づいて、脳のある領域（部位）を損傷するとある特定の働きだけがうまくいかなくなるという脳と「心」との対応関係が、ある程度わかるようになりました。これらの研究から、われわれが「心」と考えているものが、実はいくつかの構成要素に分けられることがわかりました。「心」はいくつかの基本になる部品から成り立っているともいえます（図1参照）。

これまでも、「心」を分けるモデルはいくつか提示されてきました。たとえば、オーストリアの精神科医のフロイト（Freud, Sigmund）は、「心」を意識と無意識に分けました。この精神分析モデルも「心」を分けるものです。しかし、残念ながら根拠がありませんでした。神経心理学モデルの場合は、脳損傷の患者さんたちが示すさまざまな貴重な情報（脳の損傷部位と臨床症状）

で、「心」をつくりあげているものをとらえることができます。子どもの場合には、高次脳機能の発達的変化という時間軸を考慮した発達神経心理学モデルでの蓄積によって、根拠に基づいて、「心」を理解することが重要です。

七、神経心理学モデルの利点

神経心理学モデルであれ、発達神経心理学モデルであれ、「心」を前述のように細分化して理解することが教育にどう関係するのでしょうか。それはたとえば、発達に障害がある子どもの場合の教育上の利点を考えると、次のようになります。「心」のどのような構成要素がうまく働いてないのかということがわかれば、何に対して教育すればいいのかという教育対象が明確化されるということです。つまり、「心」を漠然と「心」として全体的にみて、ただ〝遅れている〟ととらえただけでは、具体的にどう教育したらよいかわかりません。遅れている「心」をどうすればよいのでしょうか。一生懸命勉強してもらえばよいのか。これはわかったようで、実は何もわかっていない答えです。標榜するにはそれでいいかもしれませんが、教育を具体化できません。また、勉強すればいいという発想だけであれば、これは学校の先生のような教育の専門家ではない人でもいえる〝当たり前〟のアドバイスです。頭の働きが遅れているのだから、あるいは「心」の働きが遅れているのだから、勉強すればいいじゃないかというだけでは、専門家の発想ではないと思います。

では、どうすればよいのでしょうか。私は、「心」を〝噛みくだく〟しかないと思っています。

つまり、「心」の構成要素のうち、どういう働きが〝強み〟で、どういう働きが〝弱み〟なのかという高次脳機能のプロフィールを明らかにすることです。たとえば、言語の働きに〝弱み〟があり、注意や認知や感情や意欲などの働きには〝強み〟がある、などです。こういった高次脳機能間のプロフィールに踏み込んでいくのです。そして、言語機能に〝弱み〟がある場合には、言語の話す働きや聞いて理解する働きがどうなっているかということに踏み込んでいく。さらに、聞いて理解する働きに〝弱み〟があることがわかった場合、言語の意味理解の働きの〝弱み〟なのか、それとも音韻弁別の働きの〝弱み〟なのかをさらに分けて確認していきます。こうして、言語機能内のプロフィールの〝強み〟と〝弱み〟をきちんと分析していくことで、何がうまくいっていないのかを具体的にピンポイントで決定できれば、何を指導しなければいけないかということは自ずとみえてくるはずなのです。高次脳機能間、および高次脳機能内のそれぞれの〝強み〟と〝弱み〟のプロフィールを明確にすれば、教育も具体化できるということです。こういう視点を教育にもたらすことができるという点で、「心」の神経心理学モデルは非常に役に立つものだと考えています。

八、発達相談の事例にみる神経心理学モデルの適用

ここで事例を参考にして、「心」を神経心理学的に理解するということを紹介したいと思います。事例は五歳一ヵ月の女の子です。某大学の臨床発達センター、区立幼稚園、そして区立療育機関に通われていて、ある専門機関では広汎性発達障害（ＰＤＤ）と診断され、別な専門機関で

はADHDと診断されました。このように診断名がつけられても、診断名からは具体的に何を指導したらよいのかはよくわかりません。こういうところが現場の教師にとっては、一番困るところだと思います。PDDあるいはADHDと診断はされましたが、それではこのお子さんに対して具体的に何をすればよいのかということがわからないのです。診断はされても、教育的な〝処方箋〟が示されないために、実際の指導につながらないのです。

私の発達相談に、このお子さんが来室しました。簡単な心理検査をいくつかと、神経心理学的な評価を実施しました。大脇式知能検査という積み木を課題にした知的能力の発達をみる検査の結果、知能指数（IQ）は七九でした。次にKIDSという発達検査、これは普段の生活のなかで何ができているかお母さんにチェックしてもらうものですが、発達指数（DQ）は一〇三でした。絵画語い検査という、単語を言って絵カードを指差してもらい、どのくらい難しい単語まで理解できるかで言葉の発達年齢をみる簡単な検査も実施しました。結果は、実際の年齢は五歳一ヵ月のお子さんですが、五歳七ヵ月のレベルまでできていました。そして前頭葉機能（遂行機能）をみるティンカートイ・テスト（Tinkertoy Test）は、これは一二点満点の七点でした。点数的には平均点くらいなのですが、少しエラーがみられました。

これらの心理検査で注意しなければいけない点がいくつかあります。たとえば、IQが七九で、実年齢が五歳一ヵ月で四歳〇ヵ月レベルという知能検査の結果です。この結果だけをみてしまうと、このお子さんは少し知的に遅れているのではないかということになります。IQから知的能力の水準の判定はできますが、この点数からは具体的に何をどのようにして指導すればよいのかということはよくわかりません。心理検査の結果だけからは、具体的な指導案が組み立てられないのです。また、この知的能力の水準の判定が妥当かという問題もあります。大事なのは、診断名であれ、心理検査の結果であれ、これはあくまでも結果なので、これがなぜこうなったのか、という深い読み取り、すなわち検査結果の考察を行わなければならないということです。

このお子さんに対して簡単な課題でやりとりをして、高次脳機能の状態を神経心理学的に確認しました。感情、意欲、注意、知能、言語、行為、認知、対人性、そして行動について、一通り確かめました。要するに、このお子さんの「心」を細かく分けて、ひとつひとつの働きを簡単な課題を利用して確認したわけです。このお子さんの場合、言語の働きに問題がありました。言語の働きのうち、特に聞いて理解する働きに問題がありました。さらに検討すると、聞いて理解する働きのなかでも、一度に理解できる言語の長さが短いことがわかりました。一度に二語文程度の長さの言葉しか理解できず、言語の聴覚的把持力（処理容量）が少ないことがわかりました。五歳で二語文程度の長さの理解状態というのは、明らかに少ないといえます。最低でも一度に四語文くらいの長さの言葉を理解できないと、日常的な会話では意味理解を継続できず、コミュニケーションに支障がでます。この状態をわかりやすくたとえると、外国人に話しかけられたときのことを想像するとよくわかると思います。長い文章で話しかけられると訳がわからなくなりますが、そういう状態です。同じようなことが、このお子さんに起きていました。

このお子さんは、他の専門機関でＰＤＤという診断名をつけられたのですが、実は自閉性の問題はありません。言語に問題があって、言語理解が苦手なために、他の子どものなかに入って一緒に遊んだりコミュニケーションをとったりするのを嫌がるようになってしまったのです。表面上の行動だけをとらえて、対人関係がとれないから自閉性の問題があると単純に診断されてしまった例です。対人的な面には、まったく問題のないお子さんでした。対人性に自閉性の問題があるのではなくて、コミュニケーションがうまくとれなかったために、心因反応（心の動き）として不安が高まり、他のお子さんを避けるようになったのです。また、不安のレベルが高いために、行動が落ち着かず、そのために別の専門機関で診断されたＡＤＨＤのようにみられてしまった面もあります。問題の本質がわかれば、何を指導すればいいのか、自ずと明らかになってきます。

このお子さんにはもう一つ、視空間処理にも問題がありました。脳損傷後の成人でみられる高次脳機能障害の一つに、半側空間無視と呼ばれている視空間処理の障害があります。これを確かめるためによく利用される課題は、線分二等分という課題です。二〇㎝くらいの直線の真ん中に印をつけるという課題です。このお子さんの場合、本当の真ん中よりも少し左の方向に偏って印がつけられていました。また、簡単な幾何図形の見本を示して、同じ形をまねして描いてもらうと、概して描かれた図形の左側に比べて右側のほうの形が歪みます。成人の高次脳機能障害の場合、こういう状態を右半側空間無視と呼びます。軽度ですが、このお子さんには右半側空間無視の傾向がみられるため、大脇式知能検査のような積み木課題による知能検査が苦手で、そのためにＩＱ値が低くなっていたと考えられます。つまり知能自体の問題ではなく、積木課題の解決に必要な空間処理にトラブルが起きていて、それで苦手になっていたのです。ですから、表面上のパフォーマンスだけにとらわれて、それだけで知的能力に〝遅れがある〟と判断してしまうことには危険性があります。実際にその子に何を指導したらよいかを導くときのモデルとしては、「心」を噛みくだいて、どこが〝強み〟でどこが〝弱み〟なのかを確認する見方ができる点で、神経心理学モデルは臨床的・教育的に役に立つと考えています。

このお子さんの言語理解の遅れや右側空間の認知処理の苦手さは、一見無関係にみえるかもしれませんが、神経心理学的には共通する基盤があります。左大脳半球の側頭葉の後方（言語理解に関係）から頭頂葉（空間処理に関係）にかけた領域の神経成熟に何らかの問題があることが推定されます。このことは、先ほどお話しした成人の脳損傷後の高次脳機能障害の患者さんたちの知見から推定できます。このように、発達障害のある子どもの理解に脳損傷の患者さんから得られた脳研究の知見を参考にして、そして実際の教育に活かしていくときに、「心」の神経心理学モデルは有用と考えられます。

九、神経心理学モデルと自閉性障害への教育的アプローチ

自閉性障害のある子どもに教育的にアプローチしていくときに、どのようなことが大事になるかということをまとめると、次のようになります。「教育対象を焦点化したプログラムの策定」、「構造化された学習環境の設定」、「予測できるスケジュールの設定」、「般化能力の養成」、「行動への機能的アプローチの適用」、そして「関係者への指導と連携」にまとめられます。これらのなかで、子どもを〝伸ばす〟という教育的な視点に根本的に立っているのは、一番目の「対象を

焦点化したプログラムの策定」です。そのほかは、対症療法的なアプローチといえます。

それでは、「対象を焦点化したプログラム」を策定するためには何が必要なのでしょうか。「領域特異的な教育」がまずあげられます。自閉性障害の子どもは、社会性、注意、模倣、そしてコミュニケーションの領域に苦手さがあるといわれていますが、こういったそれぞれの領域に、焦点を当てた教育ということがよくいわれます。ですが、もっと踏み込んでいく必要があります。先ほどお話ししましたように、コミュニケーションといっても、そこには下位要素があるわけです。社会性といわれても一体それは何なのでしょうか。社会性を教育するというのは一体どういうことなのでしょうか。社会性を成り立たせている、もっと基盤になっているものを押さえないといけないのではないでしょうか。つまり、「機能特異的な教育」が必要になります。高次脳機能をきちんと確認しておいて、先ほどお話ししたような〝弱み〟の領域と〝強み〟の領域、それらの機能間プロフィールを明らかにすることが重要です。さらに機能内のプロフィールを確認して、問題のある機能に対して集中的に教育するアプローチ、また〝強み〟の機能と〝弱み〟の機能を組み合わせて代償的・補償的に教育していくアプローチ、こういった教育的アプローチが非常に大事になります。こうした教育が、神経心理学的立場に立った教育ではないかと考えています。

特に、小さいときからその子の〝弱み〟のある領域を伸ばすようなアプローチと、〝強み〟と〝弱み〟を組み合わせてうまく生活していくためのアプローチを早い段階から工夫して実施していかないといけません。後々になるほど、神経回路の形成や脳の可塑性などを効果的また効率的に利用することが難しくなりますので、早期から取り組む必要があります。

一〇、おわりに

時間が迫ってまいりました。改めていえば、脳科学と教育の関係について、神経心理学的なモデル、特に発達神経心理学という視点からアプローチをして、教育を考えていくことがとても有効ではないか、ということです。そして、心理学の立場からは教育神経心理学（Educational Neuropsychology）、あるいは教育の立場に重点をおけば、神経教育学（Neuro-Education）といった領域を構築することが大事になっていくと考えています。時間になりましたので、私の話を終わらせていただこうと思います。どうもご清聴ありがとうございました。

引用・参考文献

坂爪一幸『高次脳機能の障害心理学』学文社、二〇〇七年

坂爪一幸「神経心理学からみた自閉性障害の特徴と指導のあり方」都立青鳥養護学校久我山分校自閉症教育プロジェクトチーム編著『はじめての自閉症学級小学一年生』ジアース教育新社、二〇〇八年、二〇〇-二一九頁

坂爪一幸編著『特別支援教育に活かせる発達障害のアセスメントとケーススタディ』学文社、二〇〇八年

脳への健康教育――脳の専門外来は実践人間教育の場

埼玉医科大学総合医療センター　ER　准教授　大貫　学

一、はじめに――脳の専門外来と教育

坂爪先生にお声かけをしていただいて、数年前から早稲田大学で、色々と一緒に勉強させていただいております。実際に早稲田の学生さんたちと一緒に勉強させてもらうなかで、健康に気をつかわないと、せっかく志の高い教員になろうとがんばっているのに、健康を害して志が果たせない諸先輩先生方が大勢いらっしゃるというようなお話をしながら、授業、講義をさせていただいているのですけれども、今日はその中からいくつかお話しをさせていただこうと思います。

どのようなかたちで脳科学と教育と健康が関わるのかを考えたのですが、植村先生がお話をされるということも坂爪先生から聞いておりまして、原理的なお話については植村先生がしてくださるだろうと思いましたので、今日は脳の専門外来に関するお話をさせていただこうと思います。つまり、実践的に病気を治そうとする外来では、病気や症状を治してもらおうと思って来る患者さんは、治療を受けるつもりはあっても教育をされるつもりはあまりないかもしれません。しかし、外来主治医の立場からみると、健康に気をつかってもらうだけではなく、健康教育・人間教育の場にもなっていると感じています。

脳科学、健康医学と教育ということで、「健康を知らずに資質の高い教員になれるか」ということを考えましたときに、これは決してクエスチョンマークのついた疑問符、つまり「なれるか?」ではなくて、「なれるかっ!」くらいのものだと私は思っています。英語でいうなら、I'm not asking you, telling you. という感じです。健康について知らないで、よい教員になれるわけがないじゃないかというところを理解していただきたいと思っています。

具体的に本日お話ししようと思っているのは、健康や脳について知っていただくことによって、人が本来もっている能力を呼び覚ます指導方法が考えられないかということです。とはいえ、私が普段出ている医学会と違いまして、今日こちらにいらしている方のほとんどがプロの教育者だと思います。そうした方々を前に、指導方法とか教育方法などといってはいけないと思うところもありますので、今日は指導方法というよりは、外来の一コマを色々お話しながら、こんなふうに外来では患者さんたちとお話をしていますというところで進めていきたいと思います。

二、健康教育という観点

患者さんが来ると、当然、問診、診察、検査をするわけですけれども、医学的なそういう検査の進行は当然として、次の診察までに僕が必ず患者さんにお願いするのが、自分の今までの症状や経過をできるだけきちんと書いて持ってきてくださいということです。これは、医者の仕事が楽になるというメリットもあります。もちろん、自分たちなりの問診はとりますけれども、患者さんにさらに詳しく書いていただくと、なるほどと思えるエピソードをたくさん拾えることがあります。そういうものを書いてきてもらうことで、医者に治してもらおうという気持ちではなく、病気や日常生活の意識を変えて、自分が治るための教育を受けようというような気持ちになってもらうところから始まると思うのです。

たとえば、脳神経の病気で二年前から足の運びが悪くなったという方については、二年半前に家族旅行をしたときにはどれくらい動けていたのかということについて写真を見ながら思い出していただいて、「自分がいつ頃から何らかの不自由を感じるようになったのか」を一生懸命掘り起こして書いてきてもらうのです。そうすると、健康にしていらっしゃる方には当たり前でも、脳神経の患者さんで日常生活に最低限必要な動作、つまり食事、トイレ、着替え、入浴等が不自由な方がたくさんいますので、どんなことがどれくらいできるかということを、「運動習慣ノート」として、見開き左右のページが一日の日記になるように色々書き込んでもらいます。大学ノートが一ヵ月に一冊くらいで埋まるくらいのペース、量です。医療によって、平均寿命が女性で九〇近く、男性で八〇を超えてというところまで延びましたけれども、こういうノートを通して色々と病気のこと、自分の健康を理解してもらうことで、元気で長生きする「健康寿命」は自分で延ばすしかないんだということを理解してもらうのです。つまり、健康教育を始めるのです。

一回目の外来でガツンと、医者に治してもらおうなんて思っていたら本当の健康はつかめませんよという話をして、またその後もしっかり一生懸命時間をかけて理解してもらうと、それ以降の経過がいいということで、そういう勉強をしてくれるのではないかと思います。

三、左脳タイプと右脳タイプ

少しこれはお遊びが混じりますが、左脳タイプ、右脳タイプによって外来で患者さんの統計をとっています。左脳タイプの方は、パッと手の指を組んでいただいたときに右手の親指が手前に来る方です。逆に、左手の親指が手前に来る方は右脳タイプです。人間の行動が左脳タイプか右脳タイプかどうやって本当に決めるか、厳格な基準があるわけではないのですが、数としては二〇〇〇人以上の知人、友人、先輩、患者さんからとった統計から考えています。私の見立てとしては、左脳タイプは理論派で着実で、実務をしっかりと遂行していく傾向があります。レポートだと箇条書きが多く、何かの基準に従った順番できちんと整理していき、ムダが少ないという傾向です。着実でしっかりしているけれども、大バケしてすごいことにはならず、しかし逆に一歩ずつ進んでいくという方が多いと思われます。

右脳タイプは、先ほど植村先生もおっしゃっていましたけれども、直感型です。芸術家向きというと職業を限定してしまうので、芸術的な志向がある、センスがあるという程度で理解していただければと思います。Feelingということを植村先生が先ほどお話ししていましたけれども、雰囲気をつかむタイプだといえます。何かをまとめてもらおうとすると、グラフや表にしてくる人が多いという傾向があります。何かを整理しようとするときは、何かの順番にしたがってというよりも、なんとなくのグループでゴッソリ箱に入れてそのまま箱ごとしまっているような人たちが多いのです。したがってムダが多いこともあります。

そこで、私からは、患者さんに以上のようなことを説明します。すると、自分は右脳タイプ左脳タイプというのがわかることで、少しずつ自分の行動を、それにとらわれないように色々と工夫しはじめるのです。右脳タイプの方だと、「先生に右脳って言われたから、がんばっていろいろ整理するようにしたよ、早めに準備するようにしたよ」というように。ただ、すごく大事なことは忘れることもあります。たとえば、うちの医局でついこの間あったことなのですが、ある後輩が右脳タイプでして、学会の準備などがいつも遅いので、早くするようにいっておりました。その後輩がインドに学会発表に行くことになっていたので、みんなでスライドを一緒に見てあげて、英語のスライドも無事出来上がって、「ここまで準備できていればお前にしてはよかったな」といっていたら、パスポートが切れていてですね、学会に行けなかったということがありました。周りからは袋叩き状態で、演題取り下げという稀にみる大恥をかいてしまった、ということもありました。

四、神経内科の仕事、大学病院の役割

次のスライドですが、右脳タイプの私にとっては、写真のなかに斜めに言葉を書いた以外は、できるだけ左脳タイプの箇条書きでつくってみました。本当だと、ムダな矢印がついていたり、ムダな絵が入っていたり、あるいは文字のフォントがムダにポップになっていたり、あるいは箇条書きなのに斜めになっていたり、こういうのが右脳タイプの人間で、放っておくとそういう風になってしまいます。ですが、今日は左脳タイプでお話の順番をまとめてみました。

神経内科の仕事がどんなものかということは、ご高齢の開業の先生方からは時々心療内科や精

神科と間違えられたり、あるいは医者仲間からもそのように思われているくらい、知らない人は知らないところです。ここでお話させていただくと、神経内科の仕事とは脳の見張り番であったり、脳を守ることで「トータルライフ」、つまり、その人の人生をサポートする「トータルライフサポーター」であったり、コーディネーターだったり、という位置づけを私自身は意識していつも働いています。

これに関して何例か、不健康な教員がどんな悲劇に遭ったのか、がんばっているのに倒れていくかというお話を反面教師ということでお話しさせていただこうと思います。少し具体的なことにふれておくと、喫煙による脳動脈硬化、認知症、パーキンソン、メタボ、頭痛等です。時間の許す範囲でお話ししようと思います。

最近、栄養や右脳開発について工夫を考えています。ただ、これはいまだ試行錯誤の最中にある五感刺激です。この試行錯誤のベースに流れているのは、教える側が元気で情熱があって迫力がないと受ける側には伝わらないだろうという認識です。やはり、教える側が楽しそうにしていなければ、伝わるものも伝わらないのではないか、そして色々な工夫をすることで、本来人間がもっている能力というのが引き出せる方法がいくらでもあるのではないか、そういう認識が根底にはあるということを理解していただければと思います。

さて、ここから本題に入ろうと思います。図2が私の左脳がつくったアジェンダです。右脳がつくるとですね、図3のようになります。私の基本は図2の左脳タイプではなく、図3の右脳タイプの方です。写真の左上のほうにあるのが私が働いている埼玉医科大学で、川越というところ

右手の親指が前

左脳タイプ
・理論派、着実、実務遂行型
・箇条書きにまとめる
・順番に整理整頓
・ムダが少ない
・大バケはしにくい

右脳タイプ
・直感型、芸術向き、雰囲気
・グラフにまとめる
・グループごとに箱に整理
・ムダ
・大ポカあり

図1　あなたは左脳タイプか右脳タイプか

にあります。こういうことをつい載せてしまうわけです。さて、医療全体を一次医療、二次医療、三次医療という観点から考えますと、一次医療は予防接種や風邪、六四万人死ぬともいわれているインフルエンザなどに日常的なレベルでかかわる領域です。二次医療では、町の基幹病院がドックをやったり、手術をしたりと色々がんばってくれています。私のいる大学病院は三次医療、つまり三次救急や救命救急に中心的に関わっています。

大学病院のなかでも色々な役割がありますけれども、大学病院では、教育の役割が非常に大きいと思います。救急隊の教育も必要ですし、患者さんの教育も必要です。また救急センター、まさに今日、東京都ではたらいまわしで有名になってしまった周産期母子医療センターもあります。赤ちゃんを産むことになっているお母さんが病気を抱えている場合、二人を一緒に、母子ともにちゃんとみていこうという救急がここにはあります。

《本日お話すること》　脳への健康教育　脳の専門外来は実践人間教育の場

左脳タイプ

◇ 脳の専門外来：神経内科◇

1. 神経内科の仕事　－ 脳の見張り番、total life supporter(coordinator) －

◇ 反面教師：不健康な教員の悲劇の実話の数々 ◇

2. 喫煙と脳動脈硬化　－ 不健康な校長と健康な教頭の歴然とした近未来予想 －
3. 認知症　－ 記憶を失っていく大学教授の静寂の恐怖... －
4. Parkinson病・Parkinson症候群　－ ドーパミンの刺激...まさに脳の科学 －
5. Metabolic Syndrome(MetS)　－ 日々の生活に潜んでいる悲劇の序章 －
6. 頭痛　－ 昨今の教育問題に頭を抱えているうちに... －
7. 心の病　－ 心身ともに健康な教育者であることの難しさ －

◇ 主治医の工夫で患者さんは変わる ◇

8. 栄養指導からの展開　－健康管理のための栄養指導の秘めた力 －
9. 右脳開発指導からの展開　－「右脳を使って趣味をつくりましょう」が導いた新たな力 －
10. 五感刺激療法の可能性　－ヒトの持つ本来の「脳力」を引き出す魔法 －

図２　左脳タイプの目次

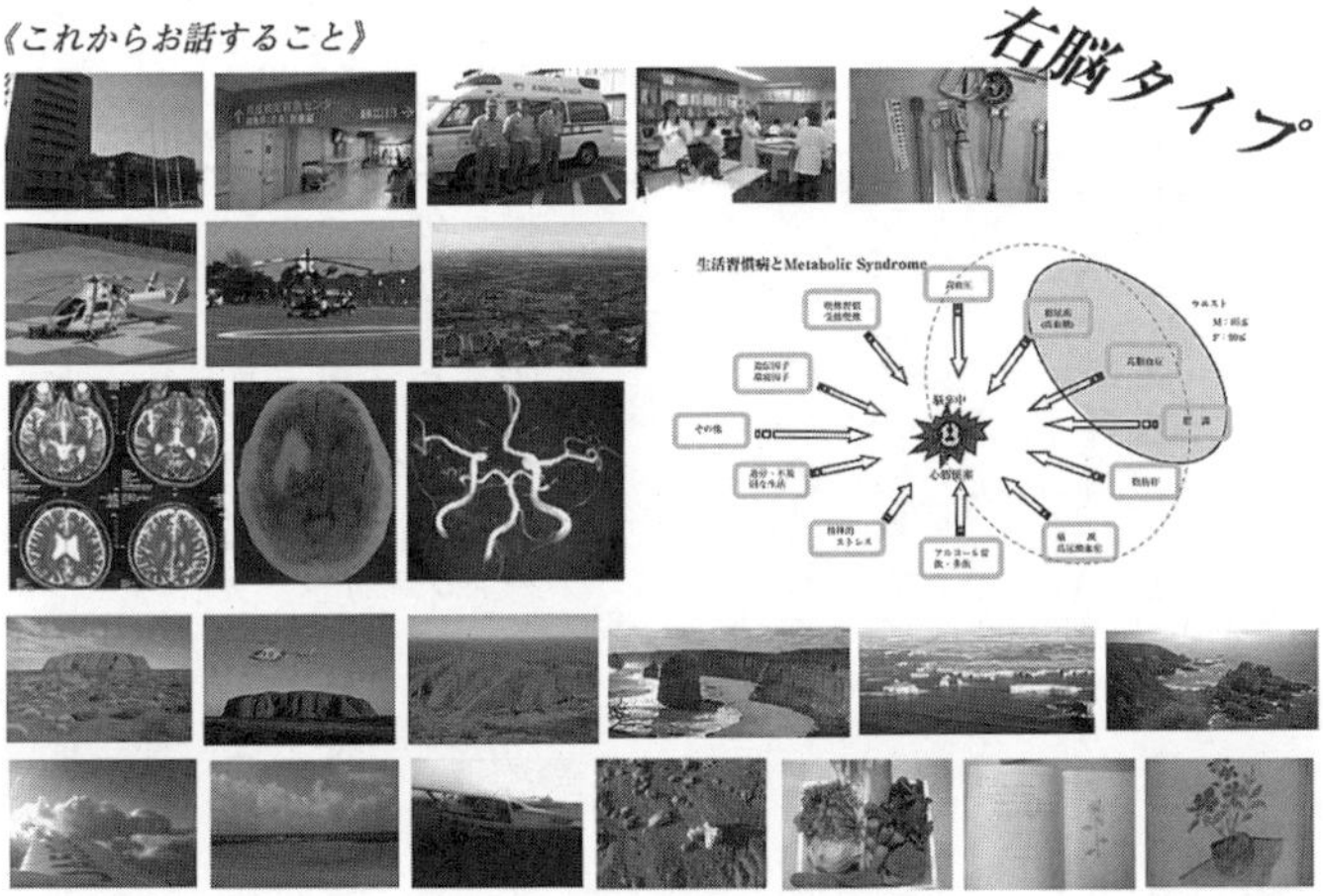

図３　右脳タイプの目次

私は脳神経内科が専門ですけれども、ERのなかの意識障害、脳卒中、頭痛などを一緒にみているチームで、ドクターヘリにも参加しています。埼玉県のなかで埼玉医大がドクターヘリをやっているのですが、私はこれにいつも乗っておりまして、この機種は、ドラマ『コード・ブルー』のテレビに出ていたそのもののヘリコプターで、埼玉医大の裏に停まっています。私はいつもヤマピー、山下智久くんが座っている席に座っています。ドラマのなかで右手が切れた患者さんのケースが出てきますが、あれは実際の患者さんの了承を得たうえで、ドラマになる情報・テーマをもらえないかということで二〇症例ほどを提出したうちの一つです。具体的にいうと、私が千葉方面まで飛んで、工場の事故で右手を皮一枚で切断した患者さんをヘリに乗せて運んできて、大学の整形外科でつないだという事例をもとにしています。ただ、これはつながったのですが、十分な機能はしなくなってしまいました。

神経内科の領域では患者さんを教育するにあたって、図4のような道具を使って診察をします。たとえば、打鍵器。これは脳神経を診る医者にとっては必須のものです。

打鍵器の他には握力計、音叉、筆などを使っています。また、眼底鏡を使うと、人間で唯一、目の奥の動脈を、生で見ることができます。そのため神経内科、脳神経外科というのは、外来で診察をするとその場でものすごくしっかりと、脳神経系で起こっていることを調べあげられるので、一見難しそうですけれども、診察技術さえ鍛えていけば、ものすごく臨床医らしい、外来や開業で検査をしなくても安心させてあげられる、腕に技術をもった医療領域だというふうに考えています。

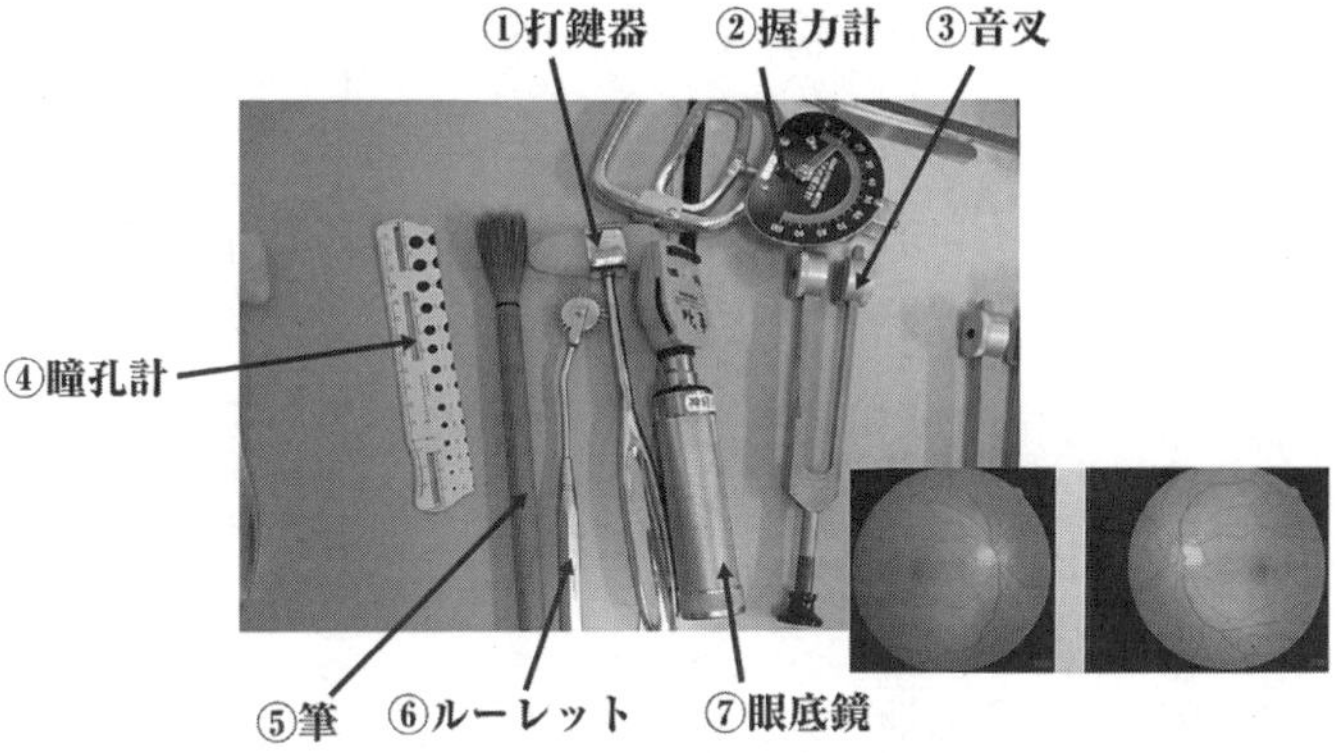

図４　神経内科の７つ道具

私の外来の患者さんと予約の患者さんが今一六〇〇人くらいいるのですが、そのなかには脳卒中の方、パーキンソンの方などもいらっしゃいます。外来では頭痛、めまい、しびれが圧倒的に多くみられます。また、これは少し前の情報なのですけれども、認知症が増えてきております。

一〇〇〇例ほどみてきた脳ドックの受診年齢なのですけれども、私が医者になった二〇数年前は、六〇代、六五歳くらいで脳ドックを受けましょうということになっていました。これが、より若い世代も一〇年くらい前から受けるようになってきて、最近では色々な会社で、三〇になったら脳ドックを受けてくださいということになっています。というのも、十七歳や一八歳からタバコを吸って、喫煙歴一五年、三〇過ぎになると運が悪ければ脳卒中が始まってしまいます。そういう喫煙歴がある方が三〇で脳ドックを受けたとき、ＭＲＩで隠れ脳梗塞の一個でも見つかれば、本気でタバコをやめられるでしょうということです。先ほど植村先生がおっしゃっていたように、タバコはダメだと言ってもなかなかやめてくれませんが、脳ドックのMRIを見ると、びっくりするくらい禁煙するようになります。私の隣では呼吸器内科が禁煙外来をやっているのですが、このあいだ仲間と計算したら、ダントツで神経内科の脳ドックのほうが禁煙率が高いという結果になりました。もし、吸っている方がいらっしゃったら、一度私の外来に来ていただいて、MRIを撮るとまず間違いなくタバコをやめられます。ぜひ、タバコをやめたいけどニコレットじゃきかないと思っている人はいらしてください。

五、生活習慣病についてのチェック

これもしゃべり出したらきりがないですけれども、次は生活習慣病です。色々な病気をひとつひとつもっているごとにその頻度が違います。また、頻度は病気によって異なりますが、大体二倍から四倍、病気がたくさんあると不健康な六十五歳どころではなくて、六十五歳の誕生日が来ない人もいるというような生活習慣病です。時間はそれほどありませんが、せっかく皆さんの前でご講演させていただくということなので、外来でやっている二〇個の質問をご紹介したいと思います。それぞれ、ご自分のなかで指折り数えていってください。

○生活全般のリズムが不規則である。
○最近太り気味だと自覚している。
○今の生活では運動不足だと思っている。
○食事の時間が比較的不規則な生活をしている。

○朝食は食べないことが多い。
○よく間食をする。
○あまり栄養のバランスを考えたことがない。
○甘いものが好き。
○味の濃いこってりしたものが好き。
○おしんこにもしょうゆをかける。
○缶ジュースや缶コーヒーを三本以上飲む。
○お酒、ビールなど、量に関わらず、毎日飲む。
○自分でタバコを吸う。
○タバコを吸う人がまわりにいる。
○ぐっすり熟睡できない夜が多い。
○ストレスが多いと自覚している。
○血圧が高いと言われたことがある。
○ご家族に血圧の高い人がいる。
○糖尿病がいる。
○脳卒中がいる。

二〇個のうち何個、指が折れたでしょうか。怖い結果が出ることになるのではないかと思います。三個以内だと、年齢相応の健康でいられる生活習慣だといえます。個数が増えるたびに動脈硬化は知らない間に進んでいて、動脈硬化は症状が出始めたときにはとんでもない時期になっているので、表面上何も症状がないからいいというわけではないことを、坂爪先生と一緒に早稲田の講義で関わらせていただいている学生さんに話しています。

六、喫煙と動脈硬化――二つの事例から

喫煙と動脈硬化をまずとりあげることにしたのは、皆さんの興味・関心を予想してのことです。以下では不健康な校長先生と健康な教頭先生についてとりあげます。

まず、健康な、自己管理ができている先生からです。五三歳の男性で小学校の先生、教頭先生です。体重も問題ありません。この方はタバコもやりませんし、お酒も大して飲まれません。マラソンも好きで、去年の東京マラソンも完走できるくらいです。特に病的な生活習慣もありません。ＭＲＩでみると年齢相応の萎縮が少しあったりしますけれども、これも大したことはありませんし、隠れ脳梗塞のようなことも起こっておりません。脳のなかの血管についても、特に目立って悪いことが起きているような箇所はありません。検査をした限りでは異常はありません。と、まずは健康な方についてご紹介しました。

次に悪い方のサンプルである校長先生です。健康管理ができていません。体格が良いうえに、タバコを吸われます。お酒はそれほどでもありませんが、血圧が高いなどと色々いわれているにもかかわらず放りっぱなしにされていました。側頭葉や前頭葉の萎縮は、先ほどの教頭先生と五～六歳しか違わないのですが、明らかに萎縮が目立っています。さらに隠れ脳梗塞らしいあやしい箇所があります。これは個人差も関係することですが、血管の写りも悪くなってきている箇所があります。細い血管で動脈硬化が出ているということで、不健康な校長先生は、脳梗塞がいつ起こるかというような状態です。起こってしまえば車椅子や寝たきりになる可能性が高いのです。もちろん校長先生には真剣に「倒れますよ」と言いました。そうしたら「頑張ります」といって毎年脳ドックを受けて、やせる努力を始められています。どんなに志が高くても不健康だとまっとうできませんので、教育をするうえで当たり前のこととして、水面下の事態を把握しておかなければいけません。教育をするにあたって、健康をしっかり維持する努力をなさって、そのベースを作る必要があるということです。

七、認知症の事例

次は、認知症の患者さん。某国立大学の教授の方です。これもご本人の了承をとって、といってもご本人は認知症なので、奥様の了承をとってお話しさせていただいております。

認知症については、ご存じの方が大勢いらっしゃるでしょうけれども、九つほどの質問があります。順番に言いますので、書き留めずに頭のなかで答えていってみてください。

○何歳ですか。
○今日は何年何月何日何曜日ですか。
○ここはどこですか。
○次の三つの言葉を覚えてください。サクラ、ネコ、電車。二分後に聞きます。

○一〇〇引く七は。九三引く七は。
○今から言う数字を逆に言ってください。八、六、二、九、二、五、三。
○さっき覚えた三つの言葉を言ってください。
○この五つを覚えてください。鉛筆、はさみ、歯ブラシ、腕時計、スプーン。
　では今の五つを言ってください。
○野菜の名前を一〇個言ってください。
　こんなところです。全問正解で三〇点満点のテストです。普通に生活してらっしゃる方でも緊張して二八点くらいということがありますが、できれば三〇点取ってもらいたいところです。これは認知症とは別の話ですが、六五歳以上の方からは小松菜が出やすいというデータがあります。

（会場笑い）

　さて、話を戻しますと、その国立大学の経済の先生は、タバコを吸い、お酒も飲む方なのですが、物忘れが出てきて、大学の仕事に影響しはじめてしまったというのです。レポートをどこかでなくすとか、あるいは電車で学生のレポートを紛失するといったことです。そして側頭葉の萎縮が始まってしまいました。めまいなどを起こす血管、動脈硬化も六三歳にしては目立つ傾向ですが、この点数が三〇点満点中二〇点以下だとアルツハイマーが心配な状態だといわれています。先ほど皆さんにやっていただいた、これは日本中で一番広く使われている認知機能スケールです。この方のスケールの得点は一六点でした。

　そういうことで、認知症のお薬を飲み始めることになりました。また、生活習慣の改善にも取り組まなければいけないということでがんばっていたのですけれども、どうにも仕事ができなくなって早期退職をしました。そこからまたがんばっていたのですけれども、これもまたどうにもならなくなって、このあいだ、認知症病院に入院しましたという連絡がありました。認知機能のことは植村先生のほうからお話がありましたので、あまり細かいところは言いませんけれども、VSRADという認知症の検査があります。この検査は、将来にアルツハイマーの認知症を起こす確率を八七％くらいの精度で推測できる検査です。皆さんも一度受けていただければいいかと思います。基本は五〇歳以上が受けましょうということになっております。ほかにも、血流や細かい代謝をみる検査が出てきたり、最新のものではアミロイドイメージングという正常の人にはないアミロイドの沈着を画像で映す、イメージングするような研究も進んでおります。

八、パーキンソン病

パーキンソン病、パーキンソン症候群は、本当は三時間くらいかけてお話ししたいことです。パーキンソン病の状態というのは、前かがみの姿勢で動きが悪くなったり、手が震えたりするような症状がみられるというものです。これには神経伝達物質のドーパミンが関係していて、中脳の特定の場所のドーパミンの分泌が減ってしまうことで色々な活動が減退していきます。そもそも年齢が進むことで活動は減退していくのですが、これがさらに速いスピードで落ちていってしまうわけです。色々な症状が起こって、進行すると萎縮が出てきたり、血流が悪くなったりということになります。

この症状は一八一七年、つまりもう二〇〇年近く前にジェームズ・パーキンソン先生が発表したものです。教育という意味では、パーキンソンの患者さんには、病気についてしっかり説明して、何をしなければならないか、お薬は出すけれども、自分でもしなければいけない生活習慣の指導があるということを、しっかり理解してもらいます。それこそ何回も何回も同じ話をして理解してもらいます。世の中では三分診療なんていわれていますけれども、私の外来は時には一人に三〇分、四〇分かけて毎回しっかりとお話をしています。

九、メタボリック・シンドローム

それから、いわゆるメタボです。最近はメッツ（ＭｅｔＳ）というふうに略すようにもなってきました。日常生活のなかで運動不足を自覚していますか、ということについて外来でアンケートをとると、日本人の八〇％が運動不足を自覚しているという結果が出ています。

ご紹介するのは、メタボかもしれないではなく、どうみてもメタボという私の同級生です。鳥取で老健施設の施設長をしていて、私と同級生、つまり四〇代後半なのに、もう二回も脳梗塞をやっていて、老健施設の利用者さんのためにつくってある、ＱＯＬ向上のためにつくってある畑で自分がリハビリをしています。医者なのに体重が一二〇kg、タバコを吸って、お酒は毎日とことん飲んで、もう生活習慣病は全部もっています。体重一二〇kg、バスト一二〇、ウエスト一一八、ヒップ一二〇という、ちょっとどうにもならない数字です。ほとんど一二〇で揃っているので、「お前すごいな」という話をしたことがあります。

生活習慣病、メタボリック・シンドローム、ひとつひとつでいろんな病気が起こってきりがありませんけれども、ひとつひとつについて外来で丁寧に患者さんにお話ししています。今はメタボリック・シンドロームの基準として、ウエストが男性八五cm、女性九〇cmといわれています。そして、高血圧症や高脂血症が基準に入っていますけれども、代謝性ということを考えていくと、脳卒中を起こしやすい、動脈硬化を来すような状態は全部絡んでくるのは当然のことです。

一〇、本人のやる気を促す――健康の一二ヵ条

外来で、患者さんにどんな話をするかということの続きです。事例は、学校の先生にありがちなのかもしれませんが、「いえいえとにかく忙しくて」が口癖で、慢性疲労型の先生です。対応にはパターン一とパターン二があります。パターン一は、ちょっと血圧高いから、コレステロール高いからお薬を出しましょうといって治療をするというものです。パターン二は、すぐには薬を使わないで、ノートをつけたり色々しながら、まずは本人のやる気を促すというものです。最近の外来のパターンは後者です。臨床の現場では忙しくなると、「じゃあ、お薬出しときましょう」ということになりがちなのですが、一回目で薬を出すことは私たちの外来ではほとんどありません。患者さんがどこまでがんばれるか、患者さんの意欲を高めるように色々と努力しています。図5は健康の十二ヵ条ですが、これだけやっていれば基本的には大丈夫です。植村先生がよくご存じの日野原重明先生も、こんなのは当たり前だというくらいに実践なさっているんじゃないかと思います。

①血圧を正常に保ちましょう　（130/80）
②血糖値を正常範囲に保ちましょう　（100以下）
③総コレステロールを正常に保ちましょう　（220以下）
④中性脂肪を正常に保ちましょう　（130以下）
⑤タバコは完全にやめましょう　（１日１本でも有害）
⑥アルコールは適量に控えましょう　（ビール中ビン1本，週２回は休肝日）
⑦運動不足にならないよう心掛けましょう　（40分／日，週４日運動，体操は毎日）
⑧体重を標準体重に近づけましょう　（標準体重＝身長－105）
⑨過労に気をつけましょう　（「まだがんばれる」は危ない！）
⑩ストレスをためないようにしましょう　（何でも相談できる相手を）
⑪寝不足にならないよう心掛けましょう　（理想的な睡眠は7時間）
⑫規則正しい生活を心掛けましょう　（自分に合った生活のリズムを）

↓

正しい生活習慣を身につけ、健康な一生をおくりましょう！

図５　生活習慣12ヵ条

一一、頭痛、心の病、運動不足

頭痛を訴える方に脳神経の診察をすると本当の病気のことは少なくて、大体が肩こり頭痛です。とにかく、運動しましょうということです。ぜひ覚えていただきたいのは、頭痛の統計をとると、八割が運動不足の肩こり頭痛です。大学の僕の外来には毎年三〇〇〇人が頭痛の患者さんということで来ますけれども、毎年統計をとると、多いときは八五％の年もあるくらい、ただの運動不足の肩こり頭痛です。ＭＲＩ、人によっては脳血流までとって、結論はただの運動不足の肩こり頭痛が一〇人中八人です。ということで、頭痛を感じたときは、病院に行く前にスポーツクラブに行くのがよいのではないかと思います。もちろん、色々と難しい頭痛の分類もありますが。

次は、心の病です。メンタルクリニックの先生に聞くと、がんばりすぎて心のストレスがたまってくる方は左脳タイプに多いとのことです。実際にうつになった患者さんについて、メンタルクリニックの先生の生活習慣調査の統計をみますと、うつで通院している患者さんの九六％は運動不足です。アントニオ猪木さんではないですけれども、元気があれば何でもできるということがいえるかもしれません。もちろん逆に、運動ができないからうつになっていくという考え方もありますけれども、こんなに運動しているのにうつになるという人はほとんどいないようですので、まず、物理的に体力をもち上げてしまって、少しずつがんばらせるほうがいいのではないかということはよく話し合っています。

一二、食　生　活

私たちが色々調べるなかで、難しい病気の治療はたくさんありますけれども、お野菜を十分に取っている人、適度なタンパク質を食べる人、水分をしっかり飲んでいる人たちに、パーキンソンの病状が安定している人たちが多いという傾向があります。そこで、パーキンソンの人たちの健康管理をするときに、お薬だけではなく、いい生活習慣の指導をしながら、本人の意欲が出るようなお話を一生懸命します。「野菜がいいっていうんなら、うちの庭が埼玉で土地がいっぱい余っているから家庭菜園でもつくっちゃおう」という方がいます。とても神経質で色々言っていた方が、先日外来にきたときに、「調子はどうですか」といったら、「いや、まっすぐないいねぎができたんだよ」と、これまで自分の症状しか言わなかった人が、ねぎの話が先に出てきたということで私のなかでは「ヨシ！」と思いました。このあいだ、ダンボールに「こんなのができたからやるよ」といって野菜をたくさんもってきてくれました。パーキンソンでやっと歩いていた方が、ダンボールいっぱいの野菜を抱えてもってきてくれたのです。一月はイチゴを作ってきてくれるらしいので、楽しみにしています。もしよかったら、一月二〇日過ぎくらいに埼玉医科大学の外来にきていただくと、大量のイチゴがあるかもしれません。そうしたらおすそわけします。

一三、右脳を使ってもらう

右脳の開発に何かよい方法はないかということについて、少し考えてみたいと思います。最初にお見せした生活習慣ノート（図6）を、病気に関わらず全員の患者さんに作っていただくのですが、大学ノートの見開きの左のページには左脳を使って箇条書きで書いてもらいます。つまり健康日記のように、朝起きてテレビ体操をした、一日何歩歩いた、などです。目標は一日一万二〇〇〇歩にしてもらっているのですが、それについてがんばったかどうかを書いてもらったりしています。

右ページは、特に内容を決めず、右脳を使って埋めてもらうことにしています。芸術のページといえるかもしれませんが、スケッチを描いたり、デジカメで写真を撮って貼ってもらったり、短歌でも俳句でもいいし、お散歩に行ったついでに見つけたうどん屋さんで食べたうどんの写真でもいいから撮ってくださいとか、こういうことを色々やってもらいます。

実際の例で、僕がノートを作りましょうといってから、かなりがんばって書いてくれて、「下手なんだけど」といいながらいやいやながら絵を描いてくれたりしていた患者さんがいらっしゃいます（図7）。鉛筆で一生懸命描いてくださって、色だけピンク、白などと描いてある絵なのですが、とにかくほめます。「先生にいわれたようにはできなくて」とおっしゃるのですが、見

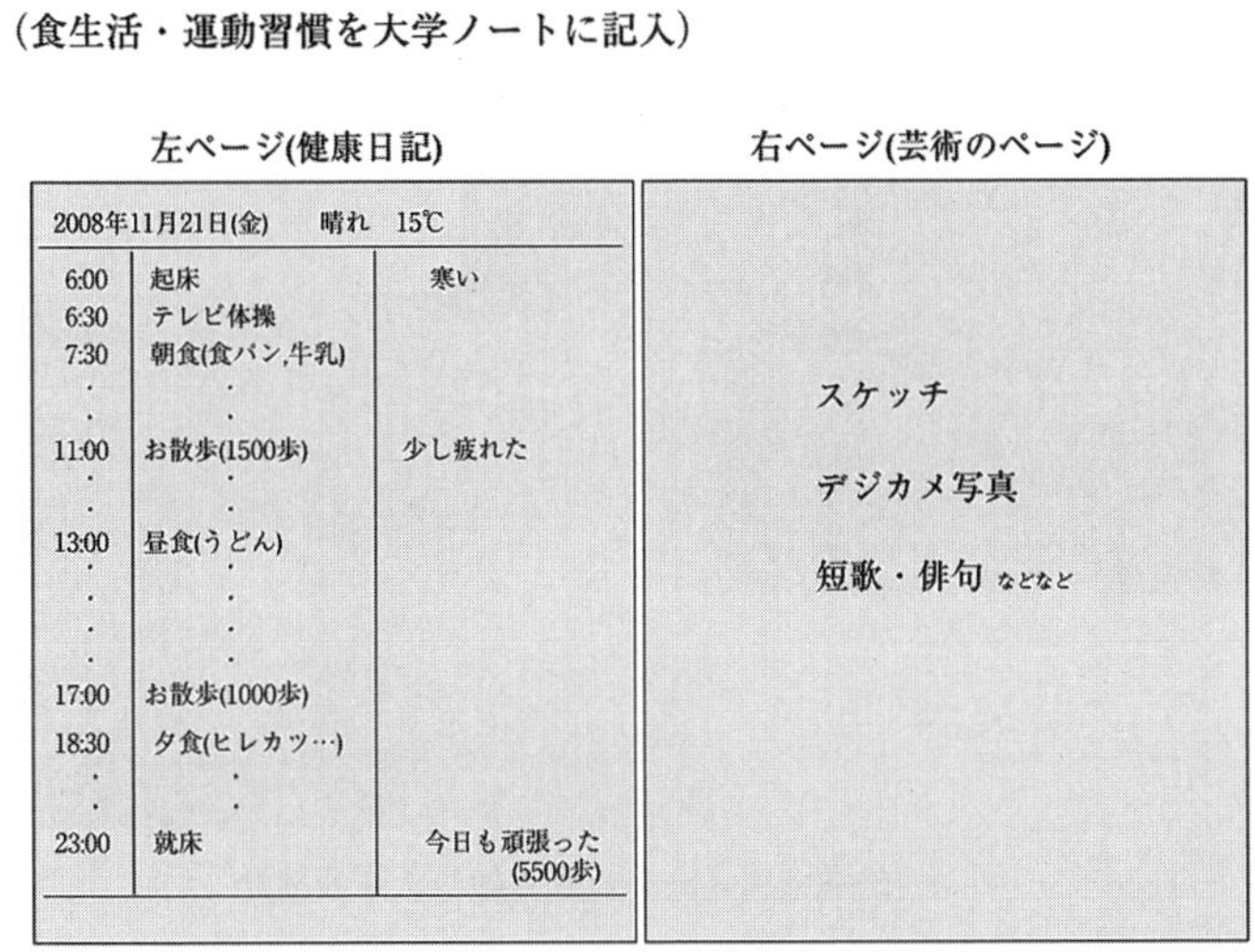

左ページ(健康日記)	右ページ(芸術のページ)
2008年11月21日(金)　晴れ　15℃ 6:00　起床　　　　　　　寒い 6:30　テレビ体操 7:30　朝食(食パン,牛乳) ・ 11:00　お散歩(1500歩)　少し疲れた ・ 13:00　昼食(うどん) ・ ・ 17:00　お散歩(1000歩) 18:30　夕食(ヒレカツ…) ・ 23:00　就床　　　　今日も頑張った 　　　　　　　　　　　(5500歩)	スケッチ デジカメ写真 短歌・俳句 などなど

図６　「生活習慣ノート」の作成を指示（食生活・運動習慣をノートに記入）

たら「うまいじゃない！」と言って、とにかくほめて、のせてのせて、「次、楽しみにしてるからね」と言い続けた結果、一年で図８のような絵を描くまでになりました。色がついたのはつい、この三ヵ月位なのですが、「色がつき始めたらそれが楽しいんだよ、先生」というようになりまして、どんどん味のある絵になってきました。ついにはこの患者さん、知り合いのスペースを所沢で借りて、個展を開くことになったのですが、ここまで来るともう医者はいらないのではないかというくらい元気です。毎回見せてもらって、喜んであげると、次までにもっと元気になってくれるという循環ができています。この場合、ドーパミンが出ているという解釈が当然できるわけですが、この間一年間ほど、お薬は変わっていません。しかし、特殊なパーキンソンを評価するスコアも確実によくなってきて

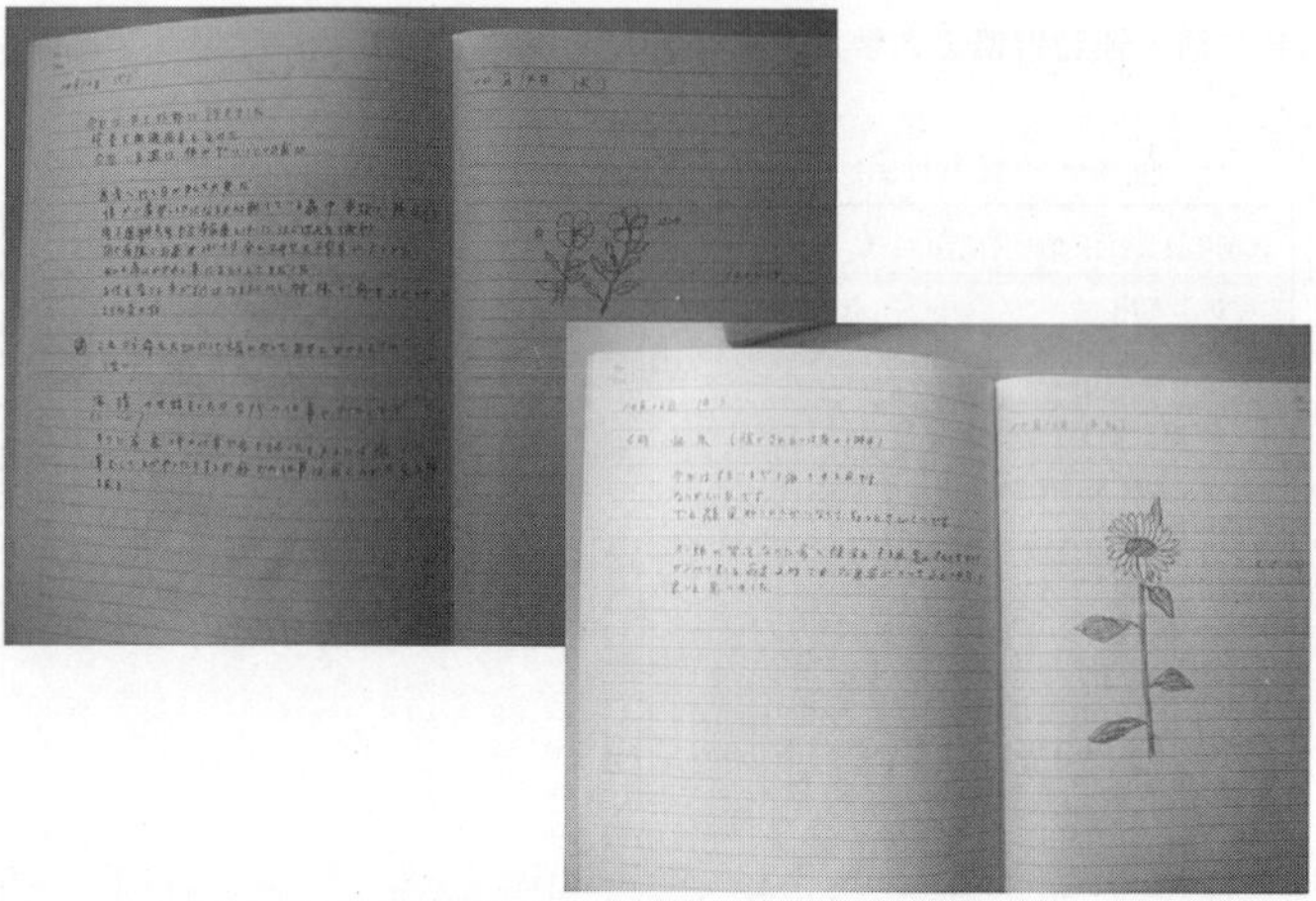

図７　生活習慣ノート（書き始めた頃の絵）

図８　生活習慣ノート（慣れてきた頃の絵）

いるのです。

一四、五感刺激療法とテーラーメイドの診療

栄養を考慮したり、食習慣の指導をしたり、脳を活性化したりということをいろいろ工夫しながら日々やっておりますけれども、今日では、すべての病気についてもやはりテーラーメイドで、その患者さんごとのオーダーをしていくべきだという時代になってきているともいえます。現在、私たちが行っている一番新しい取り組みとしては、脳を活性化する五感刺激療法（five sense stimulation therapy）というのをやっております。六個目が入ってしまうと「six sense」ということで怖い映画になってしまいますので、five senseまでにしておこうかと思っております。

さて、今まで五感について調べたなかで、人によってみんな違うのですが、お部屋の色の違いで何かできないかということで、壁紙を薄緑色にしたことで調子が良くなったという方がいます。それから、パーキンソンの患者さんで、足がすくんでしまうと、誰かに何かタイミングをもらわないと一日そのまま何にも動けないという患者さんがいらっしゃいました。その患者さんの胸ポケットに、お孫さんのかわいい、笑っている写真を入れて散歩に出てもらって、足がすくんだときに写真を見てもらうと足が出始める人が確実にいることがわかってくるなど、現在何がいいかを色々と調べている最中です。ポケットに入れてもらうものは、嗅覚の刺激に関するものがなかなかよいという結果がありまして、コーヒー、なかでもブルーマウンテンの豆をにおい袋に入れてもらって、足がすくんだらかいでもらうと足が出始める人たちが確実にいます。それから、ク

ラシックが好きな人で、モーツァルトがいい人も、ベートーベンがいい人もいらっしゃるのですが、ベートーベン好きの方で、家で第九をかけているときは、足がすくまないと言い切る患者さんもいらっしゃいます。あと、最後の「オチ」のような話になってしまいますが、お孫さんが笑っている写真が効く人が結構いらっしゃいますけれども、配偶者の写真が効く人は一人もいませんでした。（会場笑い）これは冗談ですけれども、心から好きだと思えるものが周りにあればいいと思いますので、ランキングをつけてもらうのもよいかと思います。色々なものが好きななかで、本当に好きなものでベスト五を作ってください、「Ｇｒｅｅｅｎ」の歌が好きだったら好きな歌を一位から五位までつけてください、というようにです。まずは自分の五感を使って、好きなもののランキングをつけることが刺激になってドーパミンが出て、ということがあるのではないかと思います。テーラーメイドですから一律にはなりませんけれども、患者さんによって確実にこういうデータが増えてきているので、それを生かして、今後何かにつなげていくことができればと考えています。駆け足となってしまいましたが、これで終わらせていただきます。

全体討論

植村　研一
町田　守弘
坂爪　一幸
大貫　学
【司会】堀　誠

一、「脳」という漢字から

堀：それでは最後に全体討論を進めてまいりたいと思います。今日は「脳科学はどう教育に活かせるか」というテーマのもとに、植村先生の基調講演から始まりまして、教育講演ということで三人の先生方のお話をうかがいました。

ここで、脳について考えるひとつの話題としまして、「脳」という漢字について考えてみたいと思います。この「腦」という漢字の旧字体は、「腦」という字ですが、これは「ニクヅキ」とその右側の部分とに分けることができます。その右側の上部にある「く」の字の三本棒は脳にあるしわを表すものなのかなと想像しがちですが、実はそうではありません。

この部分の意味について、象形文字の観点から考えてみますと、図1のような「子」の文字はよくご覧になったことがあるかと思います。甲骨文の資料のなかには図2のような「子」の意をあらわす文字もあります。顔があって、足、かわいいですね。駆けている感じ、わんぱくな感じ

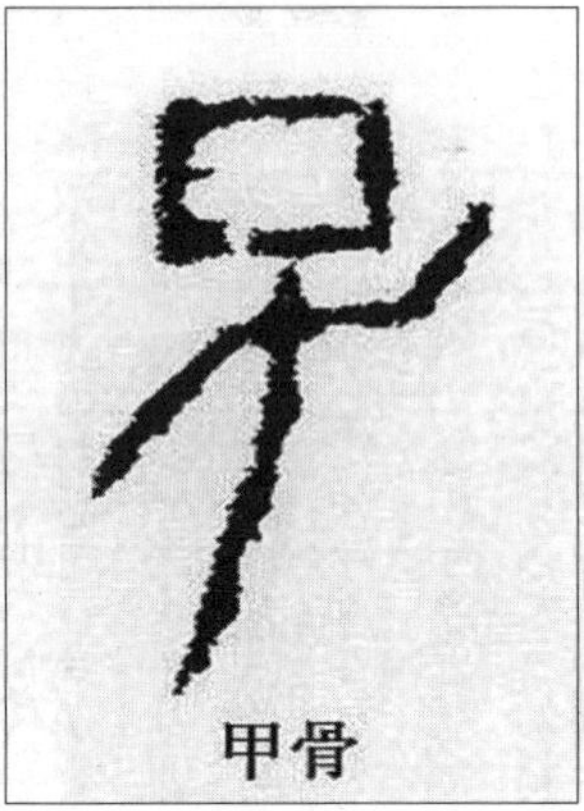

図1

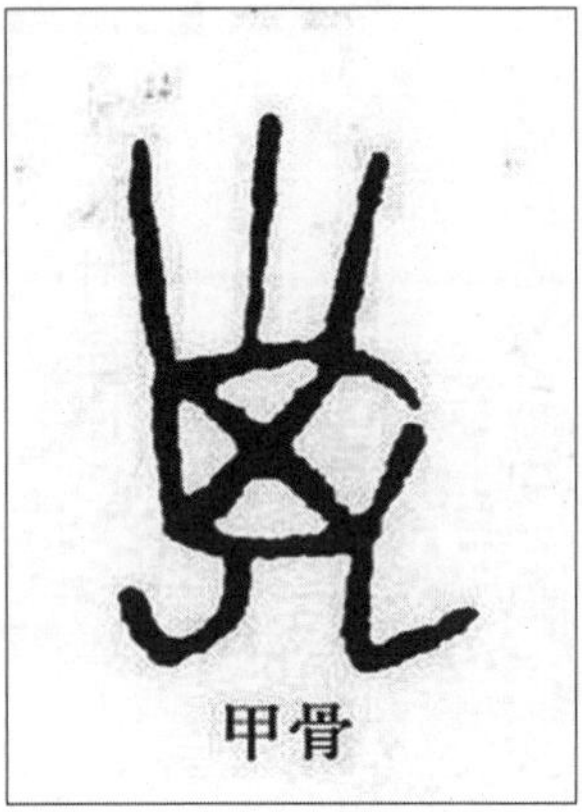

図2

がここにはあると思います。と同時に、図2には上部に三本のタテ棒がございます。実はこれが、「腦」という字の右上と同じものなのです。つまり、髪の毛です。中国は陰陽二元論の国でありますから、「一」と「二」を超えて、「三」というのは、実数としての「三」であると同時に、それを含めて極端な話が無限大も表しうるということになります。ですから、この三本のタテ棒は、子どもの成長、エネルギー、根源的な力を表していることにもなろうかと思います。

そのような頭髪が頭には生えている。では、「腦」という字の「巛」の下は何なのかということになりますけれども、これは頭骨のようです。脳をおおう頭の骨と髪の毛を表わすものがそれぞれついて、脳というものが表されている、といえるように思われます。

先ほど、ニクヅキをつけましたけれども、これをリッシン偏に代えますと「惱」という文字になります。常用漢字だと「悩」という字です。頭を悩ませるという言い方がありますが、この「悩」には心の動きが関わっているとみることができます。

「脳」は、その漢字の成り立ちと、悩という字との意味的な関係から、心に関わりがある語だということがいえるかと思います。本日皆さんにお渡ししました資料の講演会概要のなかに、「脳は〝心〟の基盤である」という言葉があったかと思います。漢字の成り立ちを通して、「脳は〝心〟の基盤である」とはどういうことなのかを考える話題を提供させていただきまして、総括討論に入らせていただきたいと思います。

二、Problem-Based Learning の生い立ち

堀：本日は二五〇名を超える方においでいただいております。そこで、色々なお立場から、四人の先生方にご質問願えればと思います。

会場：植村先生に一点お伺いしたいのですが、問題立脚型学習、Problem-Based Learning に大変関心がわきました。カナダで成立したということだったのですが、その発祥について、いつ頃かなど、もう少し詳しく教えていただけたらありがたいと思います。お願いいたします。

植村：カナダにマックマスターという新しい新設医科大学ができて、その時にバローさんという神経内科の先生が中心になって動かれました。当時の医者の教育というのは、要するに知識を詰め込んで実習で患者さんを診るというスタイルでした。ちょうどこの頃、トランス・ワールド航空（TWA）が、パイロットの実習を実際の飛行機で、六〇億円もかけて飛行機実習するのが大変だということで、数億円かけてコンピューターによるシミュレーションを世界に先駆けて導

入しました。バローさんはたまたま友だちがTWAにいたので、それを見まして、テストパイロットの教育をやっている場面を見ることになります。

さて、これが実際に部屋に入ったと思ったら、途端に椅子から何から全部がガンガン動き出して、前を見るとスクリーンに飛行場が写ってきて、後ろから教員が発進しろというなり部屋がまたどんどん動いて、そして滑走路に向かっていきます。バローさんは単なる実験室だと思っていたのですが、実際この頃には飛行機に乗っているような気持ちになったというのです。そして、教員が受験生に飛び上がれというとギューッと飛行機が確かに浮き、Uターンして帰れというのでいよいよ着地するというとき、これは一番事故が起こるところなのですが、そのときに試験官が突風を吹かせました。このとき操作を間違えると、飛行機は壊れてしまうのですが、そのときの受験生が下手なものですから、飛行機は壊れるという結果になりました。そこで飛行機はビシッと止まってしまいました。その時、バローさんは死んだと思って、奥さんの顔と子どもの顔がまず浮かび、申し訳ないことをした、俺は死んで先に往くよということで、本当に泣き出したときに教員が、これはシミュレーションです、ウソですと。バローさんはびっくり仰天して、そうかこれはシミュレーションだったのか、しかしこの三分の間自分は本当のように経験したのだと、そう思ったのですね。

先ほども申しましたように、ちょうどバローさんはマックマスター医科大学の教授に任命されたところだったので、つまらない授業をやめようということで、看護師さん役の芸能人をたくさん集めて、ロールプレイを始め、シミュレーションを取り込んだ授業を展開するようになります。

そこに学長その他が全部乗って、そういう授業をしようとして生まれたのが Problem-Based Learning です。最初は飛行機のシミュレーションから始まったのです。

彼はまた、模擬患者というのを世界に普及させました。彼は神経内科で脳の構造がわかっている人だったので、単に覚えるような学習は私からも申し上げたようにダメなのだということが彼は実によくわかっていました。だから、学生さんは最初に身体で困らせて、そこから始めていく医学の世界におけるＰＢＬが始まったのです。

私の息子の場合でも、このことはよくわかります。音楽でも、私が習った音楽というのは「一、二、三、四、これが四拍子」、というようなかたちで教えられたわけです。このように教わったので私は音楽家になれなかったのですが、私の息子と桐朋大学の先生の場合をみていくと、全然違うものでした。

先生のスタンスは、次のようなものです。「ボク、ちょっと歩いて」といって息子を歩かせて、そのときのリズムを三拍子から四拍子に変えます。平気な顔をしているときは、「お父さん、今日はダメです」といって息子は帰されます。三ヵ月ほど後になって、うちの息子がリズムの転調につまずきました。そのとき息子が「どうしたのかなボク、ひっかかったのかなあ。どうしてそこでつまずいたのかなあ」というと、先生が「音楽がどう変わったの、何がどういうふうに変わったの」、息子は「こういうふうに変わった」、そこで初めて先生が「それは何なの、それはリズムじゃないの？」と言って、息子はリズムというものがハッとわかるという、この教え方です。その桐朋大学私の「これが三拍子、これが四拍子」という教わり方とは全然違う世界なのです。

の先生は、幼児教育が専門でロシアから帰ってこられた方なのでそういう教え方をしました。つまり、リズムというのは教えてはいけないのです。本人がつまずくくらいになったときに初めてリズムを教えていくという、そういう教え方です。これは桐朋大学がもっていた Problem-Based Learning で、東京芸術大学と違うものです。そんなことをいうと色々いわれてしまうかもしれませんが。つまりは医学でも、音楽でも、どこでも Problem-Based Learning はありうる。そういう話です。

三、効果的な評価について

堀：そのほかにはいかがでしょうか。はい、ではそちらの方、お願いいたします。

会場：植村先生にご質問します。効果的評価というのがレジュメに書いてあったのですが、これについてもう少し詳しくご説明していただけたらと思います。ほめて、のせて、しかし一方で課題もしっかり指摘して、次の段階に進ませるということなのですけれども、厳しく評価し、逃げていった学生もいるということなのですが。

植村：試験でいじめてはいけません。試験試験、落第落第ということでアメリカは失敗しました。そうではなく、評価というのは伸ばすためにやるわけです。そのため私の場合、プレテストをやります。採点しますと、次の授業のときは、前の授業の結果がわかっていますので、学生に平均値を教えて、点数は最高何点、最低何点で、トップの人は誰々でした、立ってくださいと言います。本人はビクッとしますが、最高点の人を皆で拍手します。トップを必ず指名してほめてあげるのです。最低が何点だったというようなことは、もちろん数字としては教えますが、誰が最低だったかは言いません。というようなかたちで、できた人をほめます。そしたらクラス全体が、あいつがトップだったら俺がなれないわけはない、ということで皆頑張るようになり、毎回必ずトップが入れ替わります。植村先生の授業は予習していくほど面白いという雰囲気を作っていけば、学生は放っておいても予習します。毎日毎日勉強するのですから長期記憶に入りやすいのです。従来の授業では講義中は眠っていて、一週間前の詰め込みだけやる。これでは中間期記憶ですから残りません。ですから私は期末テストを一切やりません。というのも、毎日毎日のテストでほめちぎった結果、全員が八〇点をとるようになって、六〇点以下が誰もいないからです。愛知医大の場合も一一〇人中、私の定期試験を受けないのは大体三％以下です。九七％はフリーパスです。それは評価をうまく使っているからできることです。決して、いじめてはいません。

それから、国家試験をひっくり返したのは、重箱の底を一切出させないということについてです。応用問題だけを出すようにしました。ですから塾に通っても受かりません。ベッドサイドで患者さんと付き合わないと受からないような試験を作っておけば、試験地獄にはなりません。国家試験の勉強をしても受からない、ということをわからせておけばいいという、そういうかたちの評価です。このように、評価の使い方は武器になります。使うのが下手であれば試験地獄です。現在の日本の大学の入学試験のようなことをやっても、少しもできるようにはなりません。その証拠に、医学部の入学試験を受けて入ってきていても、学生はほとんど英語ができません。よくあれで大学の入学試験受かったなと思うくらいです。そのような状態は試験のやり方を変えるだけでものすごく変わります。リスニングをやれば大きく変わるでしょう。入学試験一つで全国の高校の教育は変わります。日本の先生方はそういう評価の重要性がわかってないように思われます。ですから、評価を逆に利用して、全国の教育を変えていくというのが私の考え方です。わかりますか？　評価をうまく使えば教育は伸びるし、下手に使えば試験地獄でノイローゼを作るだけなのです。

会場：よくわかりました。ありがとうございました。

植村：また、アメリカでは、実際の授業で教えたことは試験問題の六〇％を超えてはいけないという学則があります。ということは、学生さんは図書館に行かないと残りの四〇％の得点がとれないわけです。合否判定基準が七五点なので、先生の講義を全部暗記して、日本的であれば一〇〇点を取れる人というのは、アメリカでは六〇点しかとることができません。具体的には、教授が講義中にたとえば、「坂爪先生の本、これはすばらしいですね」とひとこと言ったとすると、もうこれは読めという意味です。これを図書館に行って読まなかったら絶対に試験の得点は取れません。

これは、私がニューヨーク州立大学に留学していたときの話ですが、私は速記ができました。英語でも日本語でも速記ができたものですから、ニューヨーク州立大学のある授業を全部速記でとって、それを丸暗記して試験を受けたことがありました。そうしたら教授室に呼ばれまして、教授が「君はどうやって勉強したのかね」というので、「先生の講義を全部丸暗記しました」と答えました。そうすると「ニューヨーク州立大学始まって以来の歴史に残る成績です。残念だけど君はちょうど六〇点だ」というのです。つまり私は教授が喋ったことを一〇〇点だと思って勉強していたわけです。これは、日本だったら最優秀で卒業するはずなのですが、アメリカの方式だと落第です。私は講義に関する部分は六〇点満点をとりました。これはニューヨーク州立大学では今までいなかったそうです。しかし逆に、教授が喋らなかったことはひとつも勉強していませんでしたので、私は落とされました。

この後、三ヵ月後に追試験を受けることになります。ニューヨークには、もうひとつ法律がありました。同じ教授は同じ生徒を三回試験できません。つまり二度落ちたら、その教授は永久に私に単位が出せません。そうなったら君は本国送還であるというふうに言われたので、私は死にものぐるいで図書館に行って勉強をしてから追試験を受けました。ですが、それでもできない問題がたくさんありました。教授室で教授が「お前何点取ったと思うか」と私に聞きますが、私は「わかりません」としか言いようがありませんでした。私は死んだような気持ちだったのですが、教授がそのとき「Just Seventy Five. Congratulations!」と言いました。本当にちょうど七五点です。私はこうして、アメリカの大学を卒業するのが死ぬほど難しいということが身をもってよくわかりました。

先ほども申しましたように、これは六割という学則がうまく仕組まれていることによります。日本の制度とは全然違いますね。アメリカの七五点というのは非常に厳しい七五点です。しかし、ほとんどの学生は落第しておりません。アメリカ人というのは、そういった雰囲気のなかで、図書館に行って自分で勉強するのです。先生の講義というのはただのアウトラインなので楽しく聞いておけばいいわけです。ノートをとるような人はいません。それはガイドラインに過ぎませんので、自分で図書館に行ってどんどん勉強します。これもまた、評価をうまく使っているということではないかと思います。一方、日本の先生方というのは、評価の使い方が私にいわせると下手だと思います。マクガイア先生も、そもそもイリノイ大学における評価のプロ、プロ中のプロでした。私は三ヵ月間、彼女に特訓を受けましたけれども、それは評価をいかにうまく使って、学生さんをうまく教育するかということでした。

四、ビジュアル教材と感性の教育

堀：先ほど、町田先生のお話のなかで、漫画やイラストなどを教材につかうというお話がありました。それから植村先生のお話のなかでも、講義を聴いてノートにまとめる際に、イラスト化といいますか、漫画、図式にして描くというお話がありました。そこで植村先生、いわゆるビジュアル教材の開発に関して、何かご提言いただけるようなことがございましたらお願いしたいのですが、いかがでしょうか。

植村：医学系・看護系・リハビリ系全部そうですけれども、今の出版社は、基本的に画像を中心に、漫画化してくださいということを言います。文章でただ書くのはやめてくれ、というのです。つまり漫画と同じで、画像を載せて、キーワードだけそこに入れていけばいいという、そういう教科書が飛ぶように売れているわけです。今の子どもたちは漫画が好きですよね。ですから漫画は漫画として役に立つので、それはそれでよいと思います。文章でくどくどと書くのもよいかもしれませんが、特にわれわれ理工系には右脳型が多いものですから、視空間的な能力、たとえば外科ではいちいち図書館に行っている暇などなく、その場その場で瞬時に判断して手術をしていかなければなりませんので、これには感覚の教育をするしかありません。そういう教育が医者の場合に非常に大事で、それがまた患者さんとのコミュニケーションにつながっていくのです。つまりFeelingでいかなければならないということです。

私は右脳教育でやってきましたが、日本の教育というのは基本的に左脳教育です。特に小学校、中学校は左脳教育をやっています。これが日本の創造性をダメにしているのだと思います。アメリカの子どもたちとつきあっていますけれど、アメリカではそんなことはしておりません。多少スタートは遅れますけども、大学を卒業した後に伸びるのはアメリカです。日本の場合、伸びるのは大学に受かるまでです。受かった後はほとんど伸びません。これはしょうがない事実なのだと思います。アメリカに行くとわかることですが、知識という観点からみると、確かにアメリカの子どもというのは日本の子どもよりできません。でも非常に想像力が豊かですし、そういう授業を実際に受けておりますので、大学を出た後にものすごく伸びていくのです。ですから、日本よりも十倍ノーベル賞をもらっているのです。これは事実としてしょうがないことなのです。

五、小中学校におけるPBL型学習の導入について

堀：ほかにいかがでしょうか。せっかくの機会でございますので。はい。どうぞお願いいたします。

会場：興味深いお話をありがとうございました。植村教授に質問があるのですが、最近では小中学校でもそういったＰＢＬ、グループワーク型の授業が増えていると聞いております。たとえば、授業の最初に分数の割り算を今日は全員が理解しようねということを先生が言って、じゃあ後は自分たちで調べるなりなんなりやってみて、というような授業が増えていると聞いております。ただ一方で、そういった授業を小中学生の時期に行うのは指導の責任放棄であるとか、行き過ぎた放任であるというような意見も出ているようです。そういった小中学生の時点でのグループワーク型授業について、どのようにお考えなのかお聞かせ願えればと思います。

植村：つまるところ、小学生を何のために教育しているのか、ということだと思います。小学校で基本的な知識を叩き込んだという見当でしたら、講義型で詰め込んだほうが早いわけです。しかし小学校のときには創造性が豊かになる脳の発育があるということを考えますと、どのような教育をするか、つまりアメリカのようにグループワーク、クイズを使ってどんどんディスカッションさせるという方法が選択肢として出てくるわけです。

ところで、日本では近年、ゆとりある教育ということが盛んに叫ばれていましたね。当時私は、文部省の課長の人と飲みながら議論したことがあるのですが、彼は私の今日みたいな講演を聴いたうえで、そういう方向にもっていこうということで取り組まれていました。今日、その結果を皆さん叩いていますけれど、なぜ叩くのでしょうか？　学力は下がったのでしょうか？　下がったとしてもそれは知識の量でしょう。ゆとり教育が目指すのは知識ではないのです。創造力・発展性なのです。学力テストでは、それをテストしていないではないですか。それでは勝てません。

アメリカの子どもは、日本の子どもよりも知識は劣っています。しかし十倍もノーベル賞をもらっているわけです。それは思考の過程という観点から理解することができます。若い脳のときに、そういう力を育てていくこと。そのためにはある程度の知識は犠牲にしなければなりません。決まった時間しかありませんので。それがアメリカの教育における発見学習方式というものなのです。ところが日本は詰め込み、積上げ方式です。少しずつ教えて詰め込んでいく。結果、創造性が弱いということになるのです。

ですから、何を求めているのか、どういう子を育てたいのかについてしっかりと考える必要があります。ですが焦ってしまって、知識を早いところ詰め込んでしまえということになってしまう。それが目的なら日本の昔の教育のほうがいいわけですが、これが大学に入って伸びないということが事実としてあります。大事なのは、大学を卒業して会社に入る、つまり社会に出てから伸びるか伸びないかです。これは、詰め込みをやればやるほどダメになってしまうわけです。ですから、子どものときに創造性を豊かに育てましょうと私は繰り返し申し上げているのです。重要なのは、そのことに関する教育理論をどうするか、何を求めていくのか、ということです。私は、文部省は残念ながら、これについての説明が悪かったと思います。国民に対する。ですからあれだけ反発され、叩かれたのだと思っています。でも叩いた人が、教育理論が根本的に違うということを理解せずに、知識が下がったということをただひたすら論難する、つまり何を叩いているのかわからないで叩いているという場合が多くあります。これはまさにお話にならない、という状況です。

六、子どもの異変に気がつくということ

堀：ありがとうございました。今日、お話のなかで「ほめる」ということが幾度か出てきました。ほめて育てること、つまり言葉の大切さというのがここには関係しているのだと思います。そこで大貫先生、臨床医として多くの患者さんに接しておられますが、そのご経験から、教場で子どもたちに接するときに応用できるような、脳や身体の健康に関するポイント、あるいは脳を活性化する運動のようなものがございましたらご紹介いただければと思います。本日ご来場の方には、先生方、その卵の方が多くいらっしゃいますので。

大貫：健康を維持していなければ、よい教育を提供することはできませんし、またしっかりした教育を受けることもできません。外来には、今日お示しした方以外にも、数時間は大学でプレゼンテーションができるような教員である患者さんが大勢通院していらっしゃっております。その方たちは、ご自分の専門分野や教員としては、仕事を管理し、自己コントロールし、ということをされていると思いますけれども、ご自分の健康管理ができていない教員があまりにも多いので、職業としてもち合わせている教育術・管理術をご自分の健康にあてはめてほしい、それが本人にとってもよいことだと考えております。

それから、やはり子どもは、外来に三ヵ月に一回ほどしか通院しないくらいの病状の患者さんでも、前回と「顔つき」が違うかどうかは大体わかります。本人は変わりありませんといっても、疲れて見えるとか、逆にこないだより元気そうだとかいう会話にはほとんどはずれはありませんので、本当にその人の健康状態や生活状態を理解してあげようと思って「顔」を見ていれば、今日のさまざまなニュースから見聞きするような、子どもたちの色々な心の弊害の前に何らかの合図は見て取ることは可能なのではないかと思います。もちろん、それを専門職として先生方が皆さんみていらっしゃるとは思うのですが、時に忙しすぎてどうにもそこまで、ということもあるかと思います。ただやはり、「顔つき」というのは、一生懸命見るとその子の目の輝きであったり、こちらをパッと見たとき印象において、担当の先生にしかわからない合図がきっと出ているのではないかと思います。子どもの異変に気がつく能力は、いくらでも鍛えることができるのではないか、そのように理解をしながら接していただけるとよいのではないかな、と思います。

堀：どうもありがとうございました。それでは時間となりました。本日は基調講演として植村先生、教育講演として町田先生、坂爪先生、大貫先生にそれぞれお話をいただきました。以上をもちまして、本日の教育総合研究所設立十周年記念講演会を終了させていただきたく思います。皆さま、長時間にわたりましてご清聴ありがとうございました。

「早稲田教育ブックレット」№．5刊行によせて

稲葉敏夫

早稲田大学教育総合研究所では、№．1の『発達障害にどう取り組むか』を始めとして、既に四冊のブックレットを刊行してきました。

「早稲田教育ブックレット」の刊行は、早稲田大学教育総合研究所の社会的使命を果たすべく、主催する公開講演会等の内容を広くお知らせすることを目的にしています。そのため、たとえ専門的な内容であってもできるだけ平易に読みやすく表現するように努めています。教育に関する悩みや課題について、できるだけ多数の方と認識を共有しあい、解決に向けての手がかりとなることを願っています。

今回は、二〇〇八年一二月に開催した当研究所の設立十周年記念講演会「『脳科学』はどう教育に活かせるか？」の内容をブックレットとして刊行しました。三〇〇人の来場者をたっぷり九〇分間、魅了し続けた植村研一先生の基調講演、それぞれの専門的見地から「脳科学」と教育の関係について論じた町田守弘先生、坂爪一幸先生、大貫学先生の教育講演、いずれも多大な示唆に富むものでした。大盛況のもとに終了した同講演会の熱気が少しでもお伝えできればと思います。

教育を取り巻く環境は、大きく変化しつつあります。それらの問題の解決に向けて、本書がいささかなりとも貢献できることを願っております。

（早稲田大学教育総合研究所　所長）

著者略歴（2010年３月現在）

植村研一（うえむら・けんいち）

浜松医科大学名誉教授・岡山大学医学部客員教授・山形大学客員教授・松戸市病院事業総長

略歴：千葉大学医学部卒業後、横須賀米国海軍病院インターン、七年間のアメリカ留学と半年間のイギリス留学を経て、千葉大学医学部第二外科勤務、千葉大学医学部脳神経外科助手（のち講師）、浜松医科大学脳神経外科教授を経て、現職。この間、聖路加看護大学教授、愛知医科大学看護学部教授、金沢医科大学客員教授、岩手県宮古市医療法人社団弘慈会加藤病院院長、横浜市立脳血管医療センター顧問（のちセンター長）、横浜市病院経営局総長、松戸市病院事業顧問などを兼任。学会活動としては、「性格・行動と脳波」研究会・会長、日本脳神経外科コングレス会長、日本失語症学会理事・評議員・会長、日本顔面神経研究会運営委員・会長、日本ＰＯＳ研究会世話人・会長、日本定位脳手術研究会世話人・会長、日本神経心理学会理事・評議員・会長、日本医学英語研究会理事長・名誉理事長、ヒト脳機能マッピング研究会運営委員・会長などを歴任。

町田守弘（まちだ・もりひろ）

早稲田大学教育・総合科学学術院教授（国語国文学科）、博士（教育学）

略歴：早稲田大学卒業。早稲田大学系属早稲田実業学校教諭・教頭を経て、現職。この間、早稲田大学系属早稲田実業学校初等部校長を兼任。

坂爪一幸（さかつめ・かずゆき）

早稲田大学教育・総合科学学術院教授（教育学科教育心理学専修）、博士（医学）

略歴：早稲田大学大学院文学研究科心理学専攻博士後期課程単位取得、リハビリテーションセンター鹿教湯病院心理科主任、浜松市発達医療総合福祉センター療育課療育指導係長、浦和短期大学福祉科助教授、専修大学法学部助教授などを経て、現職。

大貫　学（おおぬき・まなぶ）

埼玉医科大学総合医療センター ＥＲ 准教授、博士（医学）

略歴：埼玉医科大学神経内科大学院修了後、国家公務員共済組合連合会立川病院神経内科医長、La Trobe University, Melbourne, Australia, Biochemistry, Research Fellow、Melbourne University, Royal Melbourne Hospital, Neurology, Assistant Professor、埼玉医科大学神経内科・救急部講師、埼玉医科大学総合医療センター神経内科講師を経て、現職。

堀　誠（ほり・まこと）

早稲田大学教育・総合科学学術院教授（国語国文学科）

略歴：早稲田大学大学院文学研究科中国文学専攻博士後期課程単位取得退学。早稲田大学教育総合研究所幹事。